Research on the Influence of Agricultural Mechanization Service on Grain Production

农业机械化服务对粮食生产的影响研究

潘经韬 著

中国财经出版传媒集团
经济科学出版社
Economic Science Press

图书在版编目（CIP）数据

农业机械化服务对粮食生产的影响研究／潘经韬著．
—北京：经济科学出版社，2020.12
ISBN 978 - 7 - 5218 - 2194 - 9

Ⅰ.①农… Ⅱ.①潘… Ⅲ.①农业机械化 - 影响 - 粮食 - 生产 - 研究 - 中国 Ⅳ.①F326.11 ②S23

中国版本图书馆 CIP 数据核字（2020）第 254340 号

责任编辑：杨　洋　程　铭
责任校对：孙　晨
责任印制：范　艳

农业机械化服务对粮食生产的影响研究
潘经韬　著
经济科学出版社出版、发行　新华书店经销
社址：北京市海淀区阜成路甲 28 号　邮编：100142
总编部电话：010 - 88191217　发行部电话：010 - 88191522
网址：www.esp.com.cn
电子邮箱：esp@esp.com.cn
天猫网店：经济科学出版社旗舰店
网址：http://jjkxcbs.tmall.com
北京季蜂印刷有限公司印装
710×1000　16 开　11.5 印张　200000 字
2021 年 10 月第 1 版　2021 年 10 月第 1 次印刷
ISBN 978 - 7 - 5218 - 2194 - 9　定价：46.00 元
(图书出现印装问题，本社负责调换。电话：010 - 88191510)
(版权所有　侵权必究　打击盗版　举报热线：010 - 88191661
QQ：2242791300　营销中心电话：010 - 88191537
电子邮箱：dbts@esp.com.cn)

感谢国家社会科学基金重点项目（15AJY014）、湖北省社科基金一般项目（2019082）、湖北省政府智力成果采购项目（HBZZ-2020-07）、湖北乡村振兴研究院2020年度重大调研课题（HBXCZX2020003）和中南财经政法大学研究生科研创新项目（2017B1007）的资助！

感谢中山大学中国劳动力动态调查（China Labor-force Dynamic Survey，简称CLDS）2014年调查数据的支持！

前　言

民为国基，谷为民命。粮食事关国运民生，粮食安全是国家安全的重要基础。党的十九大报告指出，确保国家粮食安全，把中国人的饭碗牢牢端在自己手中。伴随着我国城镇化进程的快速推进，大量农村青壮年劳动力流向城镇和非农产业，农村人口老龄化和空心化现象日益凸显，由此引发的农业劳动力弱质化和结构性短缺等问题给粮食生产带了巨大压力，"谁来种粮、如何种粮"是亟须解决的一个重要难题。农业机械是粮食生产过程中重要的投入要素。大量研究表明，农机装备的广泛应用对实现粮食增产发挥了巨大作用。购买机械化服务是粮食生产者实现机械化作业的重要途径之一。农业机械化服务的本质是农业生产者将机械作业环节外包给专业化的农机服务主体，从而在粮食生产环节实现分工经济，为破解"谁来种粮、如何种粮"问题提供解决路径。那么，粮食生产为什么需要农业机械化服务？这种社会分工形成的农业机械化服务对粮食生产会产生什么样的影响？是否会影响粮食生产的要素投入？是否会影响粮食生产能力？是否有利于提升粮食生产效率？回答上述问题，对于完善农业机械化服务、保障国家粮食安全和全面推进乡村振兴具有重要的现实意义。

本书在分析粮食生产和农业机械化服务的基本现状的基础上，系统构建农业机械化服务对粮食生产影响的理论分析框架，从农户层面阐释粮食生产对农业机械化服务需求的理论逻辑，分析农业机械化服务对粮食生产要素投入、粮食生产能力和粮食生产效率的作用机制，利用相关数据，围绕"农户对粮食生产机械化服务的选择行为""农业机械化服务对粮食生产要素投入的影响""农业机械化服务对粮食生产能力的影响"和"农业机械化服务对粮食生产效率的影响"4个议题进行实证研究，并根据研究结论为完善农业机械化服务、保障国家粮食安全提供政策依据。

本书的导论部分介绍研究背景及意义，梳理国内外相关文献，说明研究目标与内容、研究方法与数据，并指出可能的创新点和不足之处。第一章对农业机械化服务等核心概念进行界定，并介绍分工理论等基础性理论。第二章从粮食生产能力和粮食生产要素投入两个方面分析我国粮食生产的基本现状，同时总结我国农业机械化服务的发展历程和发展趋势。第三章系统构建农业机械化服务对粮食生产影响的理论分析框架，并阐释农业机械化服务对粮食生产要素投入、粮食生产能力和粮食生产效率的作用机制。第四章利用CLDS2014微观数据和宏观统计数据实证探究农户对粮食生产机械服务的选择问题。第五章利用稻谷、小麦和玉米的主产区面板数据实证分析农业机械化服务对3种粮食作物生产要素投入的影响。第六章利用宏观统计数据分别实证研究农业机械化服务对粮食总产能力和粮食单产能力的影响。第七章运用Tobit模型实证分析农业机械化服务对稻谷、小麦和玉米3种粮食作物生产效率的影响。第八章总结全书的研究结论，并提出政策建议。

目 录

导论 ……………………………………………………………………… 1

第一章　核心概念与理论基础 …………………………………… 17
第一节　核心概念 ……………………………………………… 17
第二节　理论基础 ……………………………………………… 20

第二章　我国粮食生产和农业机械化服务的基本现状 ………… 29
第一节　我国粮食生产的基本现状 …………………………… 29
第二节　我国农业机械化服务的发展历程 …………………… 41
第三节　农业机械化服务发展的整体态势 …………………… 45
第四节　农业机械化服务的供给主体分析 …………………… 47
第五节　小结 …………………………………………………… 54

第三章　农业机械化服务对粮食生产影响的理论分析框架 …… 56
第一节　粮食生产对机械化服务需求与选择的理论分析：
　　　　基于种粮农户视角 …………………………………… 56
第二节　农业机械化服务对粮食生产的影响机制 …………… 63
第三节　小结 …………………………………………………… 69

第四章　农户对粮食生产机械化服务选择的实证研究：
微观证据与宏观识别 ……………………………………… 71
第一节　种粮农户选择机械化服务的影响因素研究
　　　　——来自 CLDS2014 的证据 ………………………… 71
第二节　农户粮食生产机械化服务支出的时空演变与驱动因素 …… 78
第三节　小结 …………………………………………………… 90

第五章　农业机械化服务对粮食生产要素投入影响的实证研究
　　——以稻谷、小麦和玉米为例 …… 92

第一节　农业机械化服务对稻谷生产要素投入影响的实证研究 …… 92
第二节　农业机械化服务对小麦生产要素投入影响的实证研究 …… 97
第三节　农业机械化服务对玉米生产要素投入影响的实证研究 …… 103
第四节　小结 …… 108

第六章　农业机械化服务对粮食生产能力影响的实证研究 …… 110

第一节　农业机械化服务对粮食总产能力的影响：基于全国省级面板数据和湖北县级面板数据的实证 …… 110
第二节　农业机械化服务对粮食单产能力的影响：基于稻谷、玉米和小麦的分类考察 …… 116
第三节　小结 …… 124

第七章　农业机械化服务对粮食生产效率影响的实证研究
　　——以稻谷、玉米和小麦为例 …… 125

第一节　粮食生产效率的测度与分析 …… 125
第二节　农业机械化服务对稻谷生产效率的影响
　　——基于全国23个稻谷主产区面板数据的实证分析 …… 132
第三节　农业机械化服务对小麦生产效率的影响
　　——基于全国15个小麦主产区面板数据的实证分析 …… 136
第四节　农业机械化服务对玉米生产效率的影响
　　——基于全国19个玉米主产区面板数据的实证分析 …… 139
第五节　小结 …… 142

第八章　研究结论与政策建议 …… 144

参考文献 …… 151

致谢 …… 174

导　　论

一、选题背景与研究意义

（一）选题背景

伴随着我国城镇化进程的快速推进，大量农村青壮年劳动力流向城镇和非农产业，农村人口老龄化和空心化现象日益凸显（胡雪枝和钟甫宁，2013；陈涛和陈池波，2017），由此引发的农业劳动力弱质化和结构性短缺等问题给农业生产带了巨大压力。与此同时，传统落后的小规模分散经营模式已无法满足现代农业发展的需要，转变农业经营方式、推进农业现代化显得更加紧迫。农业劳动力的结构性短缺和非农工资的上涨也推动了农业劳动力成本的持续上涨，诱发了农业生产者对机械化作业的强烈需求（郑旭媛和徐志刚，2017）。农业机械化实现了农业生产环节机械作业替代人工作业，有效解决了农业劳动力转移对农业生产的负面影响，对于提高农业综合生产能力、保障国家粮食安全发挥了重要作用。

通常来讲，农业经营主体可以通过两种途径实现机械化作业：一是自主购机作业，二是购买农业机械化服务（伍骏骞等，2017）。昂贵的农机购置成本限制了农业经营主体自主购机作业的可能性，为了降低农机具的购置门槛和提高先进机具的普及度，我国自 2004 年开始实施购机购置补贴政策。但是整体购机能力不足和耕地小规模分散经营的现实情况，决定了不可能每家每户都通过自主购机实现机械化作业（孔祥智等，2015）。在此背景下，农业机械化服务应运而生，有效缓解了"小规模经营"与"大规模作业""买不起"与"需求强"等矛盾，打破了资金和技术因素对农户使用农机的约束，以低成本和高效率的方式推进了农业机械化。越来越多的农业经营主体开始通过购买农业机械化服务来实现机械化作业。在市场需求与政策扶持的共同推动下，以农机作业服务为代表的农机社会化服务取得了快速发展。据统计，2017 年我国农机专业户超过 500 万个，乡村农机从业人员 5128 万人。

农机作业服务组织 18.7 万个，比 2013 年增长 1.9 万个，全国农机社会化服务面积超过 42 亿亩次①。伴随着农业机械化服务的发展与完善，我国农业机械化也取得了快速发展，农作物耕种收综合机械化水平从 2004 年的 34% 提高到了 2017 年的 66%。农机机械化服务的快速发展也为促进小农户和现代农业发展有机衔接发挥了重要作用。

鉴于农业机械化服务的重要性，2013 年原农业部（现农业农村部）发布了《关于大力推进农机社会化服务的意见》，对农业机械化服务的发展做出了全面部署。2017 年农业部、发改委和财政部联合出台了《关于加快发展农业生产性服务业的指导意见》，对农业机械化服务提出了新的要求。2019 年《中共中央 国务院关于坚持农业农村优先发展做好"三农"工作的若干意见》明确提出"加快培育各类社会化服务组织，为一家一户提供全程社会化服务"。2021 年 6 月，农业农村部印发《关于加快发展农业社会化服务的指导意见》，在拓展服务领域、创新服务机制等方面对农业机械化服务提出更高要求。

农业机械是粮食生产过程中重要的投入要素。2014~2018 年，我国粮食总产量从 46946.95 万吨增加到 65789 万吨②。大量研究表明，农机装备的广泛应用对于实现粮食增产发挥了巨大作用（张宗毅等，2014；黄玛兰等，2018）。购买机械化服务是粮食生产者实现机械化作业的途径之一。农业机械化服务的本质是农业生产者将机械作业环节外包给专业化的农机服务主体，从而在粮食生产环节实现分工经济（杨进，2015）。

那么，粮食生产为什么需要农业机械化服务？这种社会分工形成的农业机械化服务对粮食生产会产生什么样的影响？是否会影响粮食生产的要素投入？是否会影响粮食生产能力？是否有利于提升粮食生产效率？回答这些问题都需要进行细致的理论分析和严谨的实证研究。鉴于此，本书将在分析粮食生产和农业机械化服务的基本现状的基础上，系统构建农业机械化服务对粮食生产影响的理论分析框架，从农户层面阐释粮食生产对农业机械化服务需求的理论逻辑，分析农业机械化服务对粮食生产要素投入、粮食生产能力和粮食生产效率的作用机制，并利用相关数据围绕"农户对粮食生产机械化服务的选择行为""农业机械化服务对粮食生产要素投入的影响""农业机械化服务对粮食生产能力的影响"和"农业机械化服务对粮食生产效率的影响" 4 个议题进行实证研究，以期发现相关研究结论，为完善农业机械化服

---

① 《农业农村部推进农机社会化服务提档升级》，农业农村部官网，2018 年 11 月 26 日。
② 中华人民共和国国家统计局：《中国统计年鉴 2019》，中国统计出版社 2019 年版。

务、保障国家粮食安全提供参考借鉴。

（二）研究意义

本书的理论意义在于：第一，本书综合运用分工理论、农户行为理论、诱致性技术变迁理论、交易成本理论和生产效率理论系统构建农业机械化服务对粮食生产影响的理论分析框架，阐释粮食生产对农业机械化服务需求的理论逻辑，分析农业机械化服务对粮食生产要素投入、粮食生产能力和粮食生产效率的影响机制，丰富了农业机械化服务影响效应的相关理论成果。第二，本书运用交易成本理论构建了农业机械化服务主体制度优势比较的分析框架，丰富和完善了农业机械化主体研究的理论成果。

本书的现实意义在于：第一，系统梳理农业机械化服务的发展历程，系统分析农业机械化服务主体的基本特征与优劣势，相关研究成果可以为进一步培育农业机械化服务主体提供参考借鉴。第二，实证考察种粮农户是否购买机械化服务的影响因素和农户粮食生产机械化服务支出的影响因素，相关研究结论可以为完善农业机械化服务市场提供现实依据。第三，通过考察农业机械化服务对粮食生产要素投入、粮食生产能力和粮食生产效率的影响，系统探究农业机械化服务对粮食生产的重要作用，相关研究结论与对策建议可以为保障国家粮食安全提供思路。

二、文献综述

（一）农业机械化发展的相关研究

1. 农业机械化的内涵

农业机械是现代农业生产的重要工具和装备（罗小锋和刘清民，2010）。农业机械化通常被视为农业现代化的基础和标志（吕小明等，2012）。毛泽东早在1959年就指出"农业的根本出路在于机械化"，并对农业机械化进行了探索与实践（白人朴，1992；唐信和冯永泰，2012）。学者们对农业机械化的内涵进行了充分的探讨，并基本达成共识，即农业机械化是指在农业生产各环节运用机械装备逐步替代人力、畜力进行机械化作业的过程（杨玉林，2001；岳强，2009；吕小明等，2012；江泽林，2018）。狭义的农业机械化是指种植业生产过程的机械化，而广义的农业机械化是指农林牧渔各业生产的产前、产中和产后各环节的机械化（朱显灵，2007）。曹阳和胡继亮（2010）认为农业机械化的关键是在农业生产各环节实现机械对人力的替代。白人朴（2011）认为农业机械化的内涵在于两点：一是运用先进的机械装备改善农业生产条件；二是通过机械对人力的替代，不断提高农业生产效率、经济效益和生态效益。

2. 农业机械化发展的影响因素

农业机械化发展的影响因素也引起了学界的关注，学者们主要研究了劳动力转移、农民收入水平、耕地经营规模、种植结构、地形条件等因素对农业机械化发展的影响。机械技术是一种劳动力节约型技术，机械替代人工作业是农业机械化的重要表征，劳动力非农转移通常被视为推动农业机械化发展的重要因素（杨印生等，2006；张永礼等，2015；林善浪，2017；周晓时，2017；王水连和辛贤，2017；钟真等，2018）。部分学者利用宏观数据研究发现，农业劳动力数量对农机装备水平和农机作业水平存在负向影响（颜廷武等，2010；周晶等，2013）。蔡键等（2017）利用微观数据研究发现，家庭劳动力富余度会抑制农户的机械作业需求。

收入水平决定了农户的购机能力和购机需求（杨印生，2006；林万龙，2007；刘玉梅，2009），较高的收入水平意味着农民具有一定的经济能力来实现机械对劳动力的替代（侯方安，2008；颜廷武等，2010），因此更容易采纳机械作业技术（王水连和辛贤，2017）。也有学者认为非农收入的提高推动了农业劳动力价格上涨，从而促进农户选择机械化作业（李圣军，2008；王波和李伟，2012）。

耕地地块特征也是农业机械化的重要影响因素。学者们普遍认为耕地经营规模对农业机械化水平具有正向的促进作用（张忠毅，2009；颜廷武等，2010；周晶等，2013；张永礼等，2015；王许沁等，2018）。种植规模较大的农户对农机作业的需求比较强烈（颜玄洲，2015），购买农机具和农机服务的倾向也较强（曹阳，2010；纪月清、钟甫宁，2011；胡拥军，2014）。耕地细碎化会增加机械作业的难度和成本，进而阻碍农业机械化的发展（辛贤和王水连，2017）。

学者们也研究了种植结构对农业机械化的影响，由于农作物实现机械化作业的难易程度存在差异，通常来讲玉米和小麦种植面积的扩大有利于农业机械化的发展（刘玉梅，2008；周晶等，2013；张永礼等，2015），而水稻面积比重对农业机械化水平具有负向作用（张忠毅等，2008；张永礼等，2015；王许沁等，2018）。

地形条件对农业机械化的影响也不容忽视（Ullah，2007），山地条件会增加机械对劳动力的替代难度（郑旭媛和徐志刚，2017），进而阻碍农业机械化的发展（张宗毅等，2009；张永礼等，2015；王许沁等，2018）；地形平坦地区的农户更容易采纳机械化技术（王艳和周曙东，2014；王水连和辛贤，2017）。地形条件是导致农业机械化区域差异的主要因素（周晶，2013）。

也有文献分析了户主性别、年龄、健康状况、受教育程度等农户特征因素对农业机械化的影响（Bell，1999；曹阳，2010；曹光乔，2010；董欢，2015）。农机服务价格（纪月清，2010）、农机价格（侯方安，2008）、机手操作水平（Gustafson，1988；Ashida，2011）以及农村金融市场（李长飞，2017；钟真等，2018）也会影响农业机械水平。

3. 农业机械化的影响效应

学者们关于农业机械化影响效应的研究主要集中在四个方面：

一是农业机械化对农业发展的影响。农业机械化推动了农业生产技术进步（杨敏丽，2003），有利于增强农业综合竞争力。部分学者也通过实证研究发现，农业机械化提高了农业产出水平（党超，2011），对农业经济具有拉动作用（鲍洪杰等，2011；王新利和赵琨，2014）。周瑜岚等（2014）认为农业机械化有助于转变农业经济发展方式；鄢小兵等（2018）认为农业机械化对于农业集群化发展起到了一定的支撑作用。

二是农业机械化对劳动力转移的影响。农业机械化发展推动了农业机械对农业劳动力的替代，减轻了农业劳动力的劳动强度（周振等，2016），释放了农村剩余劳动力（张英丽，2017），从而有助于农业劳动力转移。部分学者也通过实证分析验证了农业机械化发展对劳动力转移的促进作用（章磷等，2013；周振等，2016），周振等（2016）发现农业机械化对劳动力转移的促进作用存在环节差异：对机耕和机收环节的促进作用强于机播。

三是农业机械化对农民收入的影响。农业机械化通过提高劳动生产率促进农民增收（白人朴，2004）。周振等（2016）利用全国县级面板数据实证检验了农业机械化的增收效应，即通过提高产出水平促进农民增收。张英丽（2017）通过实证研究发现，农业机械化有助于缩小城乡收入差距。

四是农业机械化对饮食结构的影响。农业机械化通过降低劳动强度来影响农村居民的饮食结构。朱振亚和王树进（2009）通过实证研究发现农业机械化改变了农民膳食能量结构，也减少了农业劳动力食物消耗总量。周晓时和李谷成（2017）通过实证研究发现，农业机械化具有食物节约效应，能够降低粮食消费需求。

（二）农机支持政策的相关研究

农业机械化具有公共物品属性，并且具有很强的正外部性（刘峰涛和王鲁梅，2005），是政府支持农业机械化发展的理论依据（李延明和卢秉福，

2011）。农业机械化是农业现代化的基础条件，发展现代农业需要农业机械化，是实施农业机械化政策的现实依据（赵映年等，2014）。农业机械化支持政策改善了农机作业的环境条件（缪建平，1998），为农业机械化的发展提供了政策保障（李卫，2015）。农机购置补贴是当前我国农业机械化支持政策的重要内容（胡凌啸和周应恒，2016），学者们关于农业机械化支持政策效果的相关研究主要围绕农机购置补贴政策展开，主要集中在以下四个方面：

一是农机购置补贴政策对购机投入的影响。农机购置补贴是依托农机产品对农业生产的补贴（李红，2008），直接降低了农户的购机成本（蔡键和刘文勇，2017），并通过替代效应和收入效应增强了农户的购机能力（李农和万祎，2010；高玉强，2010；谢枫，2015），提高了农户的购机需求（胡凌啸和周应恒，2016），调动了农民购买农机的积极性，对农户投入农机的资金具有明显的拉动作用（杨敏丽，2004；杨印生，2011；朱志猛，2013）。部分学者通过微观农户调研数据研究发现，农机购置补贴对农户购机行为具有正向影响（曹光乔等，2010；苏晓宁，2012；洪自同，2012；谭国金和徐翔，2014；马欣，2015；颜玄洲等，2015）。也有学者通过宏观数据发现，农机购置补贴对农机装备水平和农机保有量具有正向影响（郭姝宇，2011；韩剑锋，2012；占金刚，2012；朱志猛，2013；纪月清等，2013；路玉彬和孔祥智，2018），王许沁等（2018）则认为农机购置补贴对农机保有量的贡献率呈现下降趋势。

二是农机购置补贴政策对农业机械化水平的影响。农机购置补贴直接作用于农机产品市场，促使部分具有购机能力的农业经营者购置农机，实现机械化作业，同时增强了农机作业服务的市场供给量（董欢，2016），购机能力不足的农业经营者也可以通过购买农机作业服务实现机械化作业。农机购置补贴对农机服务产业化发展也具有一定的促进作用（任朝军，2007）。潘经韬和陈池波（2017）通过实证研究发现，农机购置补贴对农机作业服务市场具有促进作用。在农机购置补贴政策的引导下，不同生产环节的机械化水平均有所提升（王雨濛等，2015；路玉彬和孔祥智，2018）。学者们也通过实证研究发现，农机购置补贴对农业机械化水平具有正向影响（张宗毅等，2009；郭姝宇，2011；占金刚，2012；周晶等，2013；钟真等，2018），王许沁等（2018）认为农机购置补贴对农机作业水平的贡献率正呈现下降趋势。

三是农机购置补贴政策对粮食生产的影响。农机购置补贴政策推动了农业机械在粮食生产过程中的使用，用机器替代人力有效降低了粮食生产成本，大幅度提升了粮食生产效率，进而促进了粮食产量和效益的增加（刘宁，2010；臧文如等，2010；洪自同和郑金贵，2012；臧文如，2012；朱志猛，2013）。洪自同（2012）从农户层面分析了农机购置补贴对种粮行为的影响，并发现农机购置补贴提高了农户的种粮积极性，有利于农户扩大种粮面积。部分学者也通过宏观数据研究发现，农机购置补贴对粮食产量有正向影响（王姣和肖海峰，2007；张宇青，2015；番绍立，2016）。

四是农机购置补贴政策对农民收入的影响。农业机械对劳动力的替代降低了生产成本和劳动力强度，一方面提高了农户的土地产出率和劳动生产率（刘宁，2010；吕炜等，2015），另一方面拓宽了农民的就业渠道和增收空间，从而增加了农民的收入（侯方安，2008；韩剑锋，2010；吴昭雄，2011；洪自同，2012；朱志猛，2013）。曹志义等（2006）通过对农户微观数据的实证分析发现，农机购置补贴政策具有显著的增收效应，张宇青（2015）通过宏观数据也得到了类似的结论。李红（2008）认为农机购置补贴政策对农机专业户的增收效应更为明显，但曹光乔（2010）指出由于农机作业服务市场的饱和，农机购置补贴可能会降低部分农机户的经营收入。纪月清（2010）认为农机购置补贴具有收入分配效应，能够缩小农民内部收入差距。

（三）农机机械化服务的相关研究

1. 农业机械化服务的形成机理

农业机械化服务市场的形成需要有效的市场需求和与之匹配的服务供给（仇童伟和罗必良，2018）。一方面，农业生产者的机械化作业需求是农机社会化服务市场形成的前提条件（蔡键和唐忠，2016）。劳动力与机械相对价格的不断上涨诱发了农业生产者用机械替代人力的需求（蔡键和刘文勇，2017；Zhang et al.，2017），但购机能力不足与土地小规模经营的现实条件也限制了农业生产者自主购机作业的可能性，催生了他们购买作业服务的需求，从而成为农机作业服务市场的需求方。另一方面，购置农机具的农业经营主体为了降低机械使用成本和加快购机资金回笼（杨进，2015），也会向其他农业经营主体提供农机作业服务来获取利润，从而形成了农机作业服务市场的供给方。以作业服务为主要形式的农机社会化服务是农业生产社会分工和专业化的表现形式（董欢，2016），有效缓解了小规模农业生产者农机需求强与购机能力弱的现实矛盾，拓展了我国农业机械化发展路径的选择空间。仇叶（2017）阐释了基层农机服务市场的形成机理，并指出这种农机服务市场具有长期性和稳固性。由于部分农作物的种植地区存在纬度差异，从空间和时间上为农机服务组织开展跨区作业服务提供了有利条件

（杨印生和郭鸿鹏，2004；伍骏骞等，2017），从而形成了农机跨区作业服务市场（Yang et al.，2013）。

2. 农业机械化服务的需求及影响因素

劳动力成本上涨诱致了农业生产者对机械作业的强烈需求（胡新艳等，2016），而小规模农户难以承担高昂的购机成本，但社会分工产生的机械化服务通过分摊购机成本满足了农户的机械作业需求（蔡键和刘文勇，2017）。大部分学者基于"理性经济人"的假设和追求效用（或利润）最大化的经济目标，构建了农户机械化服务需求与选择的理论分析框架，并从农户特征、地块特征、服务价格、非农就业等方面考察了机械化服务需求的主要影响因素（陈超和黄宏伟，2012；纪月清和钟甫宁，2013；董欢，2017；蔡键等，2017；许秀川等，2017；张强强等，2018）。有研究表明，经营面积越大的农户越倾向于购买农机作业服务（曹阳和胡继亮，2010；周丹等，2016），但部分学者却得出了相反的结论：经营面积越大的农户越倾向于自主购机作业而非购买农机作业服务（苏卫良等，2016；蔡键等，2017；谢琳等，2017）；而陈昭玖和胡雯（2016）则认为农户经营面积与农业生产外包服务行为存在一种倒"U"型关系。相比丘陵地区和山区，平原地区更便于开展大规模机械化作业，因此平原地区的农户更倾向于选择农机作业服务（许秀川等，2017）。部分学者认为户主年龄越大的农户越倾向于选择农机作业服务（周丹等，2016），但也有学者认为户主年龄越大，越不容易接受先进的生产技术，越不倾向于选择农机作业服务（宋海英和姜长云，2015）。土地细碎化、农机服务价格、是否拥有农机具、农业劳动力富余度等对农户选择农机作业服务具有负向影响（宋海英和姜长云，2015；展进涛等，2016；周丹等，2016；纪月清等，2016；谢琳等，2017；蔡键等，2017）；而非农就业、机耕道等设施完善程度、交通条件、获取农机作业服务的便利性对农户选择农机作业服务具有正向影响（纪月清和钟甫宁，2013；苏卫良等，2016；董欢，2017；李琴等，2017）。

3. 农业机械化服务的供给主体研究

目前，我国农业机械化服务组织整体上呈现多元化发展格局（高强和孔祥智，2013；陈池波和潘经韬，2017），各类农业机械化服务组织在经营模式、制度安排等方面各有特色和优势（董欢，2016）。舒坤良（2009）从形成机理、发展趋势和作业效率等方面对农机服务组织展开了系统性研究。农机专业合作社是农业机械化服务的主力军，学者们从精英行为、经营效益、产权制度、内部监督和资金困境等方面对农机专业合作社进行了深入研究

(刘同山和孔祥智，2014；周易等，2015；周振和孔祥智，2015；展昭海和胡胜德，2016；刘雨欣等，2016；刘雨欣等，2017）。合理的利益分配机制、明晰的产权制度是农机专业合作社健康发展的基础（展昭海，2016），合理的监督惩罚机制有助于规避农机作业合作社成员的消极互惠行为（杨印生，2008）。组织实力、管理水平、政策引导和员工素质是影响农机合作社作业效率的主要因素（杨印生，2008）。从农机合作社的经营效益来看，中部地区的农机合作社经营效益显著低于东部地区，同时合作社规模越大，作业成本越低，经营效益越好（周易，2015），有效的盈余分配方式能够充分发挥激励作用，提高农机作业合作社的经营效益。

4. 农业机械化服务的影响效应

农业机械化服务放松了劳动力在农业生产上的劳动强度和劳动时间的约束（王全忠等，2015），有利于缓解劳动力流失对农业生产的负面影响（杨万江和李琪，2018），也有利于推动农业种植结构"趋粮化"（罗必良和仇童伟，2018）。部分学者通过农户微观调研数据发现，农业机械化服务有利于提高农业生产效率（Picazo-Tadeo et al.，2006；陈超等，2012；周宏等，2014；张忠军和易中懿，2015；孙顶强等，2016），但杨进（2015）认为农业机械化服务对粮食生产效率没有显著影响。

（四）农业机械化影响粮食生产的相关研究

1. 农业机械化对粮食生产要素投入的影响

学者们关于农业机械化对粮食生产要素投入影响的研究主要侧重于农业机械对劳动力的替代作用。在粮食生产面临着劳动力外流的背景下，农业生产者会选择机械替代劳动力来应对劳动力价格的上涨（郑旭媛和徐志刚，2017）。部分学者利用宏观数据实证研究发现，在粮食生产中农业机械与劳动力存在替代关系（马凯等，2011；陈书章等，2013；李光泗和朱丽莉，2014；吴丽丽等，2016；王晓兵等，2016；郑旭媛和应瑞瑶，2017；刘英基，2017；黄玛兰等，2018；潘彪和田志宏，2018；高道明等，2018）。王欧等（2016）利用微观农户数据研究发现，在水稻和小麦生产中机械和劳动力呈现较强的替代关系，而在玉米生产中机械和劳动力正逐步由互补关系转向替代关系。也有学者分析了机械对劳动力替代弹性的时空演变特征，潘彪和田志宏（2018）认为粮食生产中机械对劳动力的替代弹性存在一定收敛性；黄玛兰等（2018）总结了机械对劳动力替代弹性的阶段性特征；郑旭媛和应瑞瑶（2016）认为山地条件负向影响机械对劳动力的替代弹性，从而导致机械对劳动力的替代弹性存在一定的区域异质性。

部分学者也研究了粮食生产中机械对化肥和农药的替代弹性。陈书章等（2013）认为在小麦生产中机械与化肥之间存在着较强的替代弹性，化肥投入成本的上涨会促使农业生产者增加机械投入（高道明等，2018）。李光泗和朱丽莉（2014）通过实证研究发现，机械对化肥的替代弹性均为正，但也存在较大的区域差异，中西部地区要高于东部地区。吴丽丽等（2014）则认为机械对化肥并不存在稳定的替代关系，两者之间的替代弹性存在阶段性特征。刘英基（2017）认为粮食生产中机械与农药存在一定的互补关系。

2. 农业机械化对粮食综合生产能力的影响

一方面，农业机械化的发展弥补了由于农业劳动力转移留下的粮食生产能力空缺（张宗毅等，2014），通过机械替代人工作业克服了劳动力转移特别是优质劳动力外流给粮食生产带来的负面冲击（王欧等，2016），对稳定粮食生产起到了重要的支撑作用（黄臻，2014）。另一方面，农业机械化的发展也提高了粮食生产效率（王珺鑫和杨学成，2015），减少了生产环节的浪费（刘红和何蒲明，2014），继而促进粮食增产。曹芳芳等（2018）通过实地调研发现，先进的机收作业技术和机收熟练的操作水平能够有效降低小麦在收割环节的产量损失。部分学者利用宏观数据研究发现，农机总动力或者农机投入对粮食产量的产出弹性为正（胡瑞法和冷燕，2006；马晓河和蓝海涛，2008；张劲松，2008；李海明，2010；张琴，2013；石媛媛等，2014；李光泗和朱丽莉，2014；谢晓蓉和李雪，2014；王珺鑫和杨学成，2015；张杰飞，2016；黄玛兰等，2018）。张劲松（2008）利用湖北省1980~2005年的数据分析得到，农业机械化对湖北省粮食产量的贡献率为13.05%。王欧等（2016）利用微观农户数据发现，农业机械对水稻、小麦和玉米三种粮食作物的产出弹性均恒为正，且呈现出逐年增加的趋势。伍骏骞等（2017）通过实证研究发现，农机跨区作业实现了农业机械化发展对粮食生产的空间溢出效应，方师乐等（2017）的研究也得出了类似的结论。当然，也有学者认为农业机械化对粮食生产的影响不显著（张玲燕和唐焱，2014；杨进，2015），甚至存在负向影响（罗敏和曾以禹，2012）。杨进（2015）分别利用宏观统计数据和微观农户数据对比发现，宏观层面的农机总动力对粮食产量的影响不显著，而微观层面的农机作业投入对粮食产量影响显著，究其原因，农机总动力体现了农机装备的存量，而农机作业投入直接衡量了农机装备的使用量。

（五）文献述评

通过梳理相关文献，不难发现学者们对农业机械化发展、农机支持政策、农业机械化服务以及农业机械化对粮食生产的影响等方面展开了丰富的研究，为研究农业机械化服务对粮食生产的影响提供了重要的参考借鉴。同时，现有研究也存在一些不足之处：第一，虽然有部分文献研究了农业机械化服务主体的形成机理与经营模式，但从交易成本视角出发比较各类农业机械化服务主体的优势与劣势的文献并不多见。第二，关于农业机械化服务需求与选择的文献大多侧重于农户是否选择农业机械化服务，且多利用微观调研的截面数据从静态角度来进行实证研究，缺乏时空维度的分析，同时探讨农户粮食机械化服务支出驱动因素的文献也比较少见。第三，虽然有少量文献研究了农业机械化服务对粮食生产效率的影响，但尚未形成统一结论，且鲜有文献系统构建农业机械化服务对粮食生产影响的理论分析框架，特别是实证分析农业机械化服务对粮食生产要素投入的影响的相关文献比较少见。

鉴于此，本书将尝试做出三个方面的改进：第一，系统构建农业机械化服务对粮食生产影响的理论分析框架，同时还实证检验农业机械化服务对粮食生产要素投入、粮食生产能力和粮食生产效率的影响。第二，构建一个交易成本的分析框架来比较各类农业机械化服务主体的制度优势。第三，基于理论模型实证分析农户粮食生产机械化服务支出的时空演变与驱动因素。

三、研究目标与研究内容

（一）研究目标

本书以农业机械化服务和粮食生产为研究对象，在分析我国粮食生产和农业机械化服务发展现状的基础上，从要素投入、生产能力和生产效率等方面阐释农业机械化服务对粮食生产的作用机制，并利用相关统计数据进行实证检验，进而为完善农业机械化服务、保障国家粮食安全的政策制定提供现实依据和参考借鉴。本书的研究目标可以细分为：

研究目标一：分析我国粮食生产和农业机械化服务的基本现状，并构建一个交易成本理论分析框架来比较我国农业机械化服务主体的制度优势。

研究目标二：构建农业机械化服务对粮食生产影响的理论分析框架，从理论层面回答"粮食生产为什么需要农业机械化服务"和"农业机械化服务会对粮食生产造成何种影响"两个问题。

研究目标三：考察种粮农户机械化服务选择行为的影响因素。

研究目标四：实证分析农户粮食生产机械化服务的时空演变与驱动因素。
研究目标五：实证检验农业机械化服务对粮食生产要素投入的影响。
研究目标六：实证研究农业机械化服务对粮食生产能力的影响。
研究目标七：实证研究农业机械化服务对粮食生产效率的影响。

（二）研究内容

基于以上研究目标，研究内容主要包括以下几个方面：

导论部分介绍本书的研究背景及意义，梳理国内外相关文献，说明研究目标与内容、研究方法与数据，并指出可能的创新点和不足之处。

第一章对农业机械化服务、粮食生产要素、粮食生产能力和粮食生产效率等核心概念进行界定，并介绍分工理论、交易成本理论、农户行为理论、诱致性技术变迁理论和生产效率理论等基础性理论。

第二章从粮食生产能力和粮食生产要素投入两个方面分析我国粮食生产的基本现状，同时总结我国农业机械化服务的发展历程和发展趋势，并比较了各类农业机械化服务主体的制度优势。

第三章系统构建农业机械化服务对粮食生产影响的理论分析框架，从种粮农户角度阐释粮食生产对农业机械化服务需求与选择的理论逻辑，并分析农业机械化服务对粮食生产要素投入、粮食生产能力和粮食生产效率的作用机制。

第四章利用 CLDS2014 微观数据实证考察种粮农户机械化服务选择的影响因素，并分别利用全国省级面板数据和湖北县级面板数据实证分析农户粮食生产机械化服务支出的时空演变与驱动因素。

第五章分别利用稻谷、小麦和玉米的主产区面板数据实证检验农业机械化服务供给水平对 3 种粮食作物生产过程中机械投入、人工投入和化肥投入的影响。

第六章分别利用全国省级面板数据和湖北省县级面板数据实证研究农业机械化服务对粮食总产能力的影响，同时利用稻谷、小麦和玉米的主产区面板数据实证研究农业机械化服务对粮食单产能力的影响。

第七章采用面板随机前沿模型测算稻谷、小麦和玉米的生产效率，运用 Tobit 模型从供给水平和利用水平两个维度来实证分析农业机械化服务对稻谷、小麦和玉米 3 种粮食作物生产效率的影响。

第八章研究结论与政策建议部分总结了全书的研究发现，并提出合理的对策建议。

本书的技术路线如图 0-1 所示。

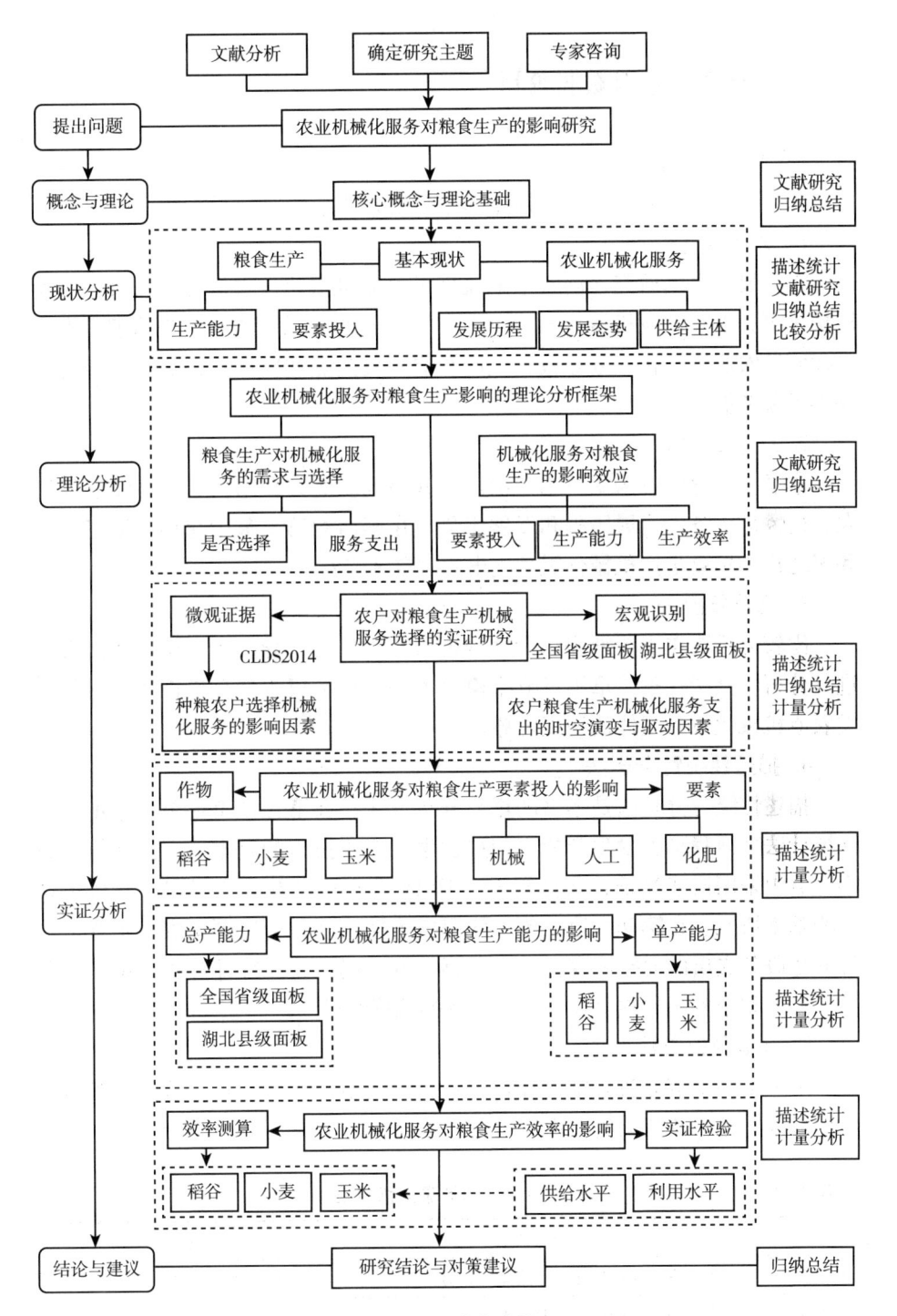

图 0-1 技术路线

四、研究方法与数据说明

(一) 研究方法

基于以上研究内容与研究思路,本书采用的研究方法可归纳为以下五大类。

1. 文献研究法

在开展本书的研究之前,本书梳理了农业机械化、农机支持政策、农业机械化服务以及农业机械化与粮食生产等方面的文献。通过文献梳理,本书寻找研究农业机械化服务对粮食生产影响的关键点和突破点,为全书研究的提供了参考借鉴。

2. 总结归纳法

本书中部分内容采用总结归纳法展开研究。例如在第二章中总结了我国农业机械化服务的发展历程和发展态势。在第四章第二节中总结归纳了全国和湖北户均粮食生产机械化服务支出的时空演变特征。

3. 比较分析法

比较分析法更能清晰和深刻地分析研究对象的差异,本书也使用此方法进行分析。例如在第二章第三节中构建了一个交易成本的分析框架来比较各类农业机械化服务主体的制度优势。

4. 描述性统计分析法

描述性统计分析法是本书的重要分析方法。在第二章第一节中采用描述性统计法刻画我国粮食生产能力和粮食生产要素投入的基本情况。在第四章第一节中采用描述性统计法分析 CLDS2014 数据中种粮农户对机械化服务选择的基本情况。在第四章第二节中使用描述性统计分析法刻画农户粮食生产机械化服务支出的时空演变。第七章第一节采用描述性统计分析法描述了稻谷、玉米和小麦 3 种粮食作物生产效率的测算结果。

5. 计量分析方法

本书主要章节分析以定量分析为主,涉及多种计量分析方法,各章节相应计量分析方法及相关研究内容如表 0-1 所示。

表 0-1　　　　　　　　本书主要的计量分析方法

章节	研究内容	计量方法
第四章第一节	种粮农户对机械化服务选择的影响因素	Probit 回归 + logit 回归
第四章第二节	农户粮食生产机械化服务支出的影响因素	面板回归模型

续表

章节	研究内容	计量方法
第五章	农业机械化服务对粮食生产要素投入的影响	面板似不相关回归
第六章第一节	农业机械化服务对粮食总产能力的影响	面板回归模型
第六章第二节	农业机械化服务对粮食生产能力的影响	面板回归模型
第七章第一节	粮食生产效率的测算	随机前沿生产函数模型
第七章第二节	农业机械化服务对粮食生产效率的影响	面板 Tobit 回归模型

（二）研究数据

本书使用了宏观统计数据和微观调查数据。其中，宏观统计数据主要来源于《中国农村统计年鉴》（2005~2017）、《中国农业机械工业年鉴》（2005~2017）、《全国农产品成本收益资料汇编》（2005~2017）和《湖北农村统计年鉴》（2005~2017）；微观数据主要使用的是中山大学中国劳动力动态调查（China Labor-force Dynamic Survey，CLDS）2014 年的数据。下面将对主要章节所涉及的数据来源予以说明，数据明细如表 0-2 所示。

表 0-2　　　　　　　　本书主要章节数据说明

章节	研究内容	研究数据
第二章第一节	我国粮食生产的基本现状	《中国统计年鉴》和《全国农产品成本收益资料汇编》
第二章第二节	我国农业机械化服务的发展历程	《中国农业机械工业年鉴》
第四章第一节	种粮农户选择机械化服务的影响因素研究	CLDS2014
第四章第二节	农户粮食生产机械化服务支出的时空演变与驱动因素	《中国农村统计年鉴》《中国农业机械工业年鉴》和《湖北农村统计年鉴》
第五章	农业机械化服务对粮食生产要素投入影响的实证研究	《中国农村统计年鉴》《全国农产品成本收益资料汇编》和《中国农业机械工业年鉴》
第六章第一节	农业机械化服务对粮食总产能力影响的实证研究	《中国农村统计年鉴》《中国农业机械工业年鉴》和《湖北农村统计年鉴》
第六章第二节	农业机械化服务对粮食生产能力影响的实证研究	《全国农产品成本收益资料汇编》
第七章第一节	粮食生产效率的测算	《全国农产品成本收益资料汇编》
第七章第二、三、四节	农业机械化服务对水稻、小麦和玉米生产效率影响的实证研究	《中国农村统计年鉴》《中国农业机械工业年鉴》和《全国农产品成本收益资料汇编》

五、可能的创新点与研究不足

（一）可能的创新点

本书在借鉴国内外相关研究成果的基础上，围绕研究思路和研究目标，利用微观调查数据和宏观统计数据进行分析，可能的创新点体现在以下几个方面：

第一，系统构建了农业机械化服务对粮食生产影响的理论分析框架，从种粮农户视角阐释了粮食生产对农业机械化服务需求与选择的理论逻辑，并厘清了农业机械化服务对粮食生产要素投入、粮食生产能力和粮食生产效率的影响机理。

第二，关于农业机械化服务需求与选择的文献大多侧重于农户是否选择农业机械化服务，且多利用微观调研的截面数据从静态角度来进行实证研究，缺乏时空维度的分析。本书利用全国省级面板数据和湖北县级面板数据实证分析了农户粮食生产机械化服务支出的时空演变与驱动因素。

第三，目前鲜有文献实证研究农业机械化服务对粮食生产要素投入的影响，本书利用稻谷、小麦和玉米的主产区面板数据实证分析了农业机械化服务的供给水平对3种粮食作物的人工、机械和化肥等生产要素投入的影响。

第四，关于农业机械化服务对粮食生产效率影响的相关文献侧重于农业机械化服务的利用水平，且主要集中探讨水稻生产效率。本书利用稻谷、小麦和玉米的主产区面板数据，分别从供给水平和利用水平两个维度实证分析农业机械化服务对稻谷、小麦和玉米3粮食作物生产效率的影响。

（二）研究不足

由于笔者研究能力不足和研究数据的限制，本书还存在一些不足之处，需要在今后的研究中进一步拓展。主要体现在以下几个方面：

第一，在实证研究农户对粮食生产机械化服务的选择行为时，由于数据受限没有考虑机械化服务价格因素的影响。

第二，本书主要从要素投入、生产能力和生产效率三个方面来探讨农业机械化服务对粮食生产的影响，没有考虑农业机械化服务对粮食种植结构、粮食种植规模的影响。

第三，本书在实证分析农业机械化服务对粮食生产要素投入、生产能力和生产效率的影响时，主要使用的是宏观层面的数据，由于数据限制，缺乏微观层面的考察。

第四，没有考虑不同环节的机械化服务、不同主体提供的机械化服务对粮食生产（要素投入、生产能力和生产效率）影响的差异。

第一章

核心概念与理论基础

第一节 核心概念

一、农业机械化服务

农业机械化服务是农业机械化进程发展到一定阶段的产物。英国、荷兰等欧洲国家的农业机械化服务市场形成较早，国外学者也随之提出了农机作物委托的概念（杨印生和郭鸿鹏，2004）。随着我国农业机械化服务的形成与发展，国内学者也开始对农业机械化服务相关概念进行了探讨。许锦英（1998）最早提出了"农机服务产业化"的概念，并认为"农机服务产业化"的核心在于"通过市场机制实现农机经营主体与农业经营主体分离，进而使农机服务成为专业化的服务产业"，其本质是农业生产分工和专业化的产物（许锦英和卢进，2000）。杨印生和郭鸿鹏（2004）引入国外学者提出的"农机作业委托"概念，并认为农机作业委托是农业生产者将部分生产环节委托给农机户进行机械化作业。此后，诸多国内学者在他们的基础上也界定了农业机械化服务的概念（舒坤良，2009；纪月清，2010），其概念界定都大同小异，都认同农业机械化服务主体为农业生产者提供机械化作业服务这一概念内核。

2013年原农业部（现农业农村部）发布了《关于大力推进农机社会化服务的意见》，首次从官方层面将农机社会化服务界定为农机服务组织、农机户为其他农业生产者提供的机耕、机播、机收、排灌、植保等各类农机作业服务，以及相关的农机维修、供应、中介、租赁等有偿服务的总称。这一官方界定也就成为近几年国内学者探讨农业机械化服务相关概念的范本（姜长云和宋海英，2015；董欢，2016；胡祎和张正河，2018）。事实上，官方界定的农机社会化服务概念内涵相当丰富。从服务内容来看，既包括各类农机作业服务，还包括与农机作业相配套的农机维修、供应等有偿服务。从服务主体来看，既包括农机服务组织，也包括农机户。从服务对象来看，在排除自我服务的基础上，既包括购买农机作业服务的农业经营者，也包括提供农机服务，但需要农机供应、维修等配套服务的农机服务主体，还包括拥有农机装备，不提供也不需要农机作业服务，但需要农机供应、维修等配套服务的农业经营者。从服务性质来看，强调有偿服务，说明农机社会化服务的本质是经营性服务，而非公益性服务。这一官方界定可以视为广义的农机服务的概念。而胡祎和张正河（2018）提出了狭义的农机服务的概念，专指农机服务主体为农业经营主体提供的产前、产中和产后的作业服务。

在借鉴相关研究的基础上，同时结合研究主题，本书比较认同狭义农机服务的概念，并将农业机械化服务界定为农机服务组织和农机户等服务主体为其他农业经营者提供的各类有偿作业服务的总和。需要说明的是，农业机械化服务的量化标准根据本书每章节的研究主题而定。具体而言，本书第四章在研究农户粮食生产机械化服务支出的驱动因素时，侧重农业机械化服务供给水平对农户粮食生产机械化服务支出的影响，因此选用单位播种面积的乡村农机从业人员来衡量农业机械化服务的供给水平。本书第五章在研究农业机械化服务对粮食生产要素投入的影响时，也侧重于农业机械化服务供给水平对粮食生产要素投入，因此也选用单位播种面积的乡村农机从业人员来衡量农业机械化服务的供给水平。本书第六章在研究农业机械化服务对粮食生产能力的影响时，侧重于将农业机械化服务视为粮食生产的机械要素投入，因此分别选用区域粮食生产机械化服务总收入和粮食每亩租赁机械作业费用来衡量农业机械化服务。第七章在研究农业机械化服务对粮食生产效率的影响时，分别用农业机械化服务供给水平和农业机械化服务使用水平来体现农业机械化服务：农业机械化服务供给水平可以视为种粮农户卷入分工经济的可能性，用单位播种面积的乡村农机从业人员数来衡量；农业机械化服务使用水平可以视为种粮农户卷入分工经济的程度，用每亩租赁机械作业费用占物质与服务费用的比重来衡量。

二、粮食生产要素

在经典的生产函数理论中，生产投入要素主要包括劳动力和资本两种类型（谢枫，2015）。农业生产活动离不开土地，所以农业生产投入要素主要包括土地、劳动力和资本3种类型（郭轲，2016）。粮食生产活动是农业生产活动的内容之一，本书在研究农业机械化服务对粮食生产投入要素、粮食生产能力和粮食生产效率的影响时都会涉及粮食生产投入要素。因此，有必要对粮食生产要素这一核心概念进行界定，同时对粮食生产要素的具体内容进行说明。

在借鉴相关研究的基础上（魏丹，2011；谢枫，2015；郭轲，2016），本书将粮食生产要素界定为在粮食生产过程中投入的各种基本要素的总和。本书第五章在实证研究农业机械化服务对粮食生产要素投入的影响时，侧重考察农业机械化服务供给水平对每亩粮食生产要素投入的影响，因此第五章的粮食生产要素主要包括劳动力、机械和化肥3种。第六章第一节在实证研究农业机械化服务对粮食总产能力的影响时，粮食生产要素主要包括劳动力、机械、土地和化肥4种；第六章第二节在研究农业机械化服务对粮食单产能力影响时，粮食生产要素主要包括劳动力、机械、化肥和其他物质服务成本。第七章在测算粮食生产效率时，粮食生产要素主要包括劳动力、机械、化肥和其他物质服务成本。

三、粮食生产能力

粮食生产能力在学术界是一个比较成熟的概念。学者们对粮食生产能力相关概念的界定可以说是大同小异，基本上都涵盖了粮食生产能力的几个重要特征（肖海峰和王姣，2004；尹成杰，2005；马九杰，2005；李红丹，2016）。第一，粮食生产能力的本质是粮食产出能力，这意味着用粮食产量来衡量粮食生产能力是极佳选择。第二，粮食生产能力是一个综合性、系统性的概念。一方面，粮食生产本身就是具有综合性和系统性的过程。另一方面，粮食生产能力是各类粮食生产投入要素共同作用而形成的。第三，粮食生产能力具备稳定性。第四，粮食生产能力需要特定的各项环境条件，例如一定的区域范围、一定的时期和一定的技术水平。在借鉴相关学者的基础上，本书将粮食生产能力界定为在一定时期、一定区域和一定的技术条件下，由各类粮食生产投入要素共同作用形成的、比较稳定的粮食产出能力。需要说明的是，本书在第六章实证研究农业机械化服务对粮食生产能力的影响时，分别使用粮食总产能力和粮食单产能力来体现粮食生产能力。粮食总产能力与学者们关于粮食综合生产能力的衡量标准基本一致，即使用区域内粮食总产量来衡量（马文杰，2006；彭克强和鹿新华，2009）；粮食单产能力则使用粮食每亩主产品产量来衡量。

四、粮食生产效率

效率是经济学领域的核心概念，也衍生出了生产效率、资源配置效率等经济学研究话题。农业生产为研究生产效率问题提供了良好的现实情境，诸多学者也探讨了农业生产效率的概念与内涵，诸如土地生产率、劳动力生产率、全要素生产率、农业生产技术效率等诸多专业名词也随之产生（张忠明和钱文荣，2010；范丽霞和李谷成，2012；张建和诸培新，2017；高鸣等，2017）。农业生产可以视为一个多项要素投入与单项要素产出的过程，因此用土地生产率、劳动力生产率、资本生产率等单要素生产率来反映农业生产效率显得不切实际（张学彪，2018）。也正因为如此，大部分现有文献都是用农业全要素生产率和农业生产技术效率来体现农业生产效率。农业全要素生产率是指农业总产出与农业加权总投入之比；而农业生产技术效率是指在既定的要素投入条件，农业实际产出与最大产出之比，体现了农业实现最大产出的可能性（曾雅婷等，2018），农业生产技术效率可以视为农业生产效率的集中体现（李谷成等，2007；马林静等，2014）。农业机械化服务对粮食生产效率的影响是本书研究的内容之一，因此有必要对粮食生产效率这一核心概念进行界定。在借鉴相关研究的基础上，本书将粮食生产效率界定为粮食生产要素投入与粮食产出的匹配程度。即既定要素投入条件下粮食实际产出与最大产出之比，或既定粮食产出条件下，粮食实际要素投入与最小要素投入之比。

第二节　理论基础

一、分工理论

分工理论最早由亚当·斯密在1776年提出。亚当·斯密在《国富论》前三章中对分工理论进行了系统阐释，主要内容可以概括为三个方面：第一，以制针业为例分析了分工能够提高劳动生产率的原因在于人工技能的提升、工序类型转换时间的节约、机械的发明和应用会节约劳动。第二，人的交易倾向促进劳动分工的形成。第三，分工程度受市场范围的影响。这也就是著名的"斯密定理"（丁忠锋和张正萍，2016；罗必良，2017；段培，2018）。此后很多经济学家在"斯密定理"的基础上对分工理论进行了丰富和拓展。例如马克思（1867）在《资本论》（第一卷）的第十二章中对分工理论也进行了系统论述（申红芳，2014）。马克思认为分工是协作的基础，且亚当·斯密关注的制造业的劳动分工与社会分工存在本质区别：社会分工以生产资料的分散为前提，拥有生产资料的商品生产者也是相互独立的。而在制造业中，包括劳动力在内的生产资料都集中在资本家手中，工人与资本家存在雇佣关系，即工人将劳动作为商品出售给资本家，资本家对工人的劳动力配置具有绝对权威（李井奎，2015），制造业的劳动分工是资本家根据自身意图进行配置的结果。马歇尔（1890）在《经济学原理》中也对分工与工业地理分布、分工与大规模生产等问题进行了系统论述（张日波，2012；董欢，2016）。杨格（1928）在"斯密定理"的基础上提出了"杨格定理"，即分工由市场规模决定，而市场规模又取决于分工，两者相互影响、相互依赖（陈昭玖和胡雯，2016；向国成等，2017；罗必良，2017）。自马歇尔和杨格以后，分工理论一度远离了主流经济学家的视野（张日波，2012）。20世纪80年代以来，以杨小凯为代表的一批经济学家认为数学工具的缺失是分工思想被忽视的重要原因，因此他们引入数学规划方法对新古典经济学中的分工与专业化等问题进行了理论创新，形成了著名的"新兴古典经济学派"，分工这一古典思想也在经济学领域"复活"（李井奎，2015；郑晓碧，2016）。

事实上，亚当·斯密也在《国富论》中对农业的分工问题进行论述，即著名的"斯密猜想"：农业生产不能采用完全的分工制度是农业生产力落后于制造业生产力的主要原因（罗必良，2017）。诸多学者也从交易费用、生产特性等角度对农业分工深化的有限性进行了论述（Shi & Yang，1996；高帆，2007；罗必良，2008），但分工深化的有限性并不意味着分工深化的不可能。国内学者从农业产业化、农业地理集聚、农业产业链等角度探讨了农业分工深化的可能性和实现路径（罗元青和王家能，2008；袁军宝和陶迎春，2008；肖卫东，2012；王亚飞和唐爽，2013）。近年来，以机械化服务为代表的农业生产环节外包逐步兴起，为研究农业分工深化问题提供了重要的现实情境（方师乐等，2018）。在农业生产要素（服务）市场开放的条件下，农业生产者通过购买机械化服务将部分农业生产工序外包给专业化服务组织进行机械作业，其本质是农户从家庭内部的自然分工卷入社会化分工（罗必良，2017）。分工产生效率，而农业机械化服务具有社会化分工性质，因此研究农业机械化服务对粮食生产效率的影响必须以分工理论为指导。

二、交易成本理论

交易成本理论是新制度经济学的重要内容。交易成本（费用）理论的基本思想最早由科斯（1937）在《企业的性质》一文中提出，即市场机制的使用是需要代价的（何一鸣和罗必良，2012；沈满洪和张兵兵，2013；段培，2018）。随后，科斯（1960）在《社会成本问题》一文中又围绕契约签订和执行的基本流程对交易成本（费用）的构成内容进行了初步探索。他认为交易费用包括进行谈判、讨价还价、拟定契约、监督契约履行等多种费用（沈满洪和张兵兵，2013）。此后，阿罗（Arrow，1969）、达尔曼（Dahlman，1979）等经济学家也对交易费用理论进行了丰富和拓展。威廉姆森（1985）在科斯的基础上系统构建了交易成本的理论分析框架，为推动交易成本理论的发展作出了重要贡献。他在《资本主义经济制度》一书中提出了交易的三个维度：交易频率、不确定性和资产的专用性（汪戎和朱翠萍，2007），形成了经典的"威廉姆森分析范式"（邹宝玲等，2016），威廉姆森还认为交易成本包括事前交易成本和事后交易成本等两部分（董欢，2016）。杨小凯和黄有光（2001）将交易成本细分为内生交易成本和外生交易成本：外生交易成本是指交易过程中直接或间接产生的成本，而内生交易成本是指人们争夺分工利益的机会主义行为产生的交易成本。交易成本理论为研究经济形象和经济制度提供了新视角和新工具。

事实上，农业经营主体向农机服务主体购买机械化服务也是一个交易的过程，必然会涉及交易成本。因此，交易成本理论也为本书的研究工作提供了重要的理论支撑。交易成本理论在本书的运用主要体现在两个方面：第一，本书的第二章运用交易成本理论构建了一个交易成本分析框架，从内生交易成本和外生交易成本等方面比较了各类农业机械化服务主体的制度优势。第二，使用区域内农业机械化服务的供给水平来体现种粮农户购买机械化服务的交易成本。区域内农业机械化服务的供给水平越高，意味着农户购买机械化服务越便利，购买机械化服务的交易成本也就越低，这在本书的第三、四、五章均有涉及。

三、诱致性技术变迁理论

诱致性技术变迁（创新）理论的基本雏形最早由希克斯（Hicks, 1932）在《工资理论》一书中提出（吴丽丽，2016），他率先提出了"诱致性发明"的概念，即要素相对价格变化直接诱致新技术的发明（曹博和赵芝俊，2017）。此后，诱致性技术变迁（创新）理论也引起了经济学界的广泛关注，并发展出两个理论分支：一个分支是以格里利克斯（Griliches, 1957）和施莫克（Schmookler, 1966）为代表的市场需求派，他们认为市场需求推动了技术的变革（何爱和曾楚宏，2010；吴丽丽，2016；张在一等，2018）。另一个分支是以速水、拉坦和宾斯瓦格（Hayami, Ruttan & Binswager）等为代表的要素稀缺派，他们认为要素稀缺导致相对价格发生变化从而诱发技术的变革（何爱和曾楚宏，2010；吴丽丽，2016；张在一等，2018），并得到了学术界的广泛认同，其中较为著名的是"速水—拉坦"假说（吴丽丽，2016）。速水和拉坦（Haymi & Ruttan, 1970）利用美国和日本的1880~1960年的农业相关数据，对要素稀缺诱致性技术变迁理论的合理性进行了实证检验，为诱致性技术变迁理论在农业领域的应用提供了参考借鉴，也推动和丰富了农业经济学理论的发展（郭熙保和苏甫，2013）。林毅夫（1991）最早使用诱致性技术变迁理论来研究中国农业发展问题，并认为中国农业技术变革受到市场需求和要素相对价格的双重作用（张在一等，2018）。要素稀缺诱致性技术变迁理论为研究农业技术变革和农业发展问题提供了重要的理论指导（姜鑫，2007；李航，2013；孔祥智等，2018），其基本思想可以概括为：当资源要素稀缺性变化引起要素相对价格变化时，在市场机制和价格信号的作用下，生产者会选择相对丰裕且价格低廉的要素替代稀缺且昂贵的要素（Hayami et al., 1971；林毅夫等，1990；路玉彬等，2018），同时节约使用相对稀缺要素的技术将得到广泛应用和推广（郑旭媛和徐志刚，2017）。

机械技术在农业生产过程中是一种劳动力节约型技术（蔡键和唐忠，2016）。农业机械技术的应用在宏观层面体现为农业机械化进程的推进，在微观层面体现为农业生产者使用机械化作业替代人工作业。随着我国城镇化进程的推进，农业劳动力流向城镇和非农产业，劳动力要素在农业领域就显得稀缺起来，从而导致劳动力和机械相对价格发生变化（王波和李伟，2012），由此诱致了机械技术在农业生产环节的广泛应用。诱致性技术变迁理论为研究中国的农业机械化问题提供了理论指导（蔡键等，2017；周晓时，2017），同时中国的农业机械化发展也为丰富和拓展诱致性技术变迁理论提供了重要的现实情境（郑旭媛和徐志刚，2017）。诱致性技术变迁理论在本书中的应用体现在两个方面：一是本书第三章第一节运用诱致性变迁技术理论解释了种粮农户选择农业机械化服务的内在逻辑。二是本书第三章第二节运用诱致性技术变迁理论构建了农业机械化服务影响粮食生产要素投入的理论分析框架。

四、农户行为理论

农户是农村最基本的微观基础（翁贞林，2008），也是农业生产最基本的组织和单位（高明等，2013）。要深入分析农业生产，必须有效理解农户的行为逻辑（钱龙，2017）。农户行为一直是农业问题研究学者们关注的经典话题。围绕农户行为这一话题，国内外学者们从不同角度展开了深入的研究，形成了经典的农户行为理论体系，为理解农户的行为逻辑提供了理论指导。主流的农户行为理论可以划分为三大学派。

一是以舒尔茨（1964）等为代表的理性小农学派。舒尔茨（1964）在其代表作《改造传统农业》中首次提出了"理性小农"的观点：农户与资本家一样也是理性人，会遵循效用或收益最大化的原则来安排生产活动（贾琳，2017）；并作出了小农经济是贫穷且有效率的经典论断（马志雄和丁士军，2013）。波普金（1979）继承了舒尔茨的基本观点，在其著作《理性的小农》中提出了农户是理性的个人或者家庭福利的最大化者这一中心假设（翁贞林，2008）。舒尔茨和波普金两位经济学家的观点形成了经典的"舒尔茨—波普金"命题（田云，2016），为理性小农学派奠定了理论基石。理性小农学派沿用了古典经济学中的理性经济人假设，强调农户的理性动机会使其遵循效用或者利润最大化原则进行行为决策（侯建昀和霍学喜，2015）。

二是以恰亚诺夫和斯科特为代表的生存小农学派。1925年，恰亚诺夫在其著作《农民经济组织》中引入边际分析法并提出了经典的"劳动—消费均衡"假说：当家庭的商品消费边际效用等于劳动的边际效用时，农户会停止劳动投入（翁贞林，2008；侯建昀和霍学喜，2015）。他认为农户生产的目的不是追求利润最大化，而是满足自身消费的需要（高明等，2013）。斯科特（1976）认为农户具有强烈的生存取向，其行为逻辑遵循生存伦理和安全第一的基本原则（马良灿，2014；钱龙，2017）。与理性小农学派不同的是，"生存小农"学派强调农户的生存逻辑而非理性动机，认为农户生产的目标是最大限度地满足自身需要而非利润最大化（高明等，2017）。

三是以黄宗智为代表的历史学派。黄宗智（1985）综合了理性小农和生产小农两大学派的基本思想，针对中国的国情，首次提出了综合小农的概念（钱龙，2017）。他认为农户具有理性小农和生存小农的双重特性。

农户是农业机械化服务的主要需求方，购买农业机械化服务可以视为农户决策行为的结果，农户行为理论可以为研究农业机械化服务问题提供理论支撑。事实上，农户行为理论广泛应用于农户机械化服务选择行为的分析框架中（纪月清和钟甫宁，2013；许秀川等，2017；潘经韬等，2018），且大部分学者都是基于理性经济人假设展开分析。本书认同理性小农的基本假设，即农户会遵循自身利润最大化原则进行决策。农户行为理论在本书中的利用主要体现在三个方面：第一，本书第三章第一节将运用农户行为理论回答种粮农户选择机械化服务的内在逻辑，并为第四章第一节的实证分析奠定理论基础。第二，本书第三章第一节将运用农户行为理论构建农户粮食生产机械化服务支出的理论分析框架，为第四章第二节的实证分析奠定理论基础。第三，本书第三章第二节将运用农户行为理论构建农业机械化服务对粮食生产要素投入影响的理论分析框架，为第五章的实证分析奠定基础。

五、生产效率理论

（一）技术效率的经济学内涵

效率是经济学领域的核心概念（高宇，2008），也是经济学研究的重要议题。由于资源的稀缺性，人们不得不作出配置资源的选择，从这个层面讲，狭义的效率可以理解为资源配置效率。效率也是一个相对概念，通过比较才能知道哪一种资源配置方式才是最有效率的，其中一个经典的例子就是帕累托最优。将效率引入生产理论，就衍生出了生产效率的概念。微观经济学的生产理论也一直关注生产效率问题（孙巍和盖国凤，1998；高宇，2008）。法瑞尔（Farrell，1957）引入等产量线从投入角度分析了技术效率的经济学内涵（见图1-1）。借助图1-1，我们可以分析法瑞尔的基本思想：在规模报酬不变的假设下，Q为生产前沿面的等产量曲线（Q = Y），X_1和X_2分别为两种投入要素，某个生产单元以E的生产要素投入取得产出Y。连接OE，与等产量曲线相交于D点，那么DE可以视为该生产单元的投入冗余，此时技术效率可以表达为TE = OQ/OP，即既定的产出条件下最少要素投入与最低要素投入之比（张晓敏，2017）。

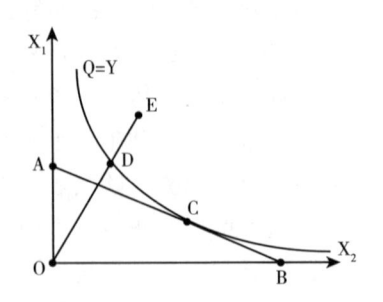

图 1-1　法瑞尔界定的生产技术效率

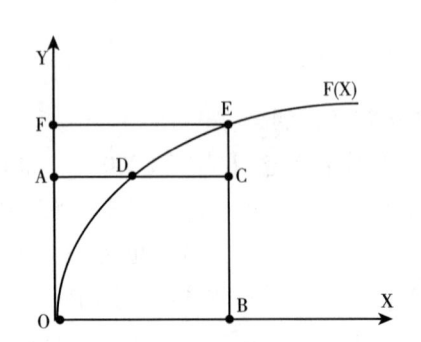

法瑞尔对生产技术效率界定的一个核心假设是规模报酬不变。与之不同的是，莱宾斯坦（Leibenstein，1966）在规模报酬递减的假设条件下从产出角度界定了生产技术效率（见图1-2）。借助图1-2，可以分析莱宾斯坦的基本思想：假设 F(X) 表示规模报酬递减的生产前沿函数，某个生产单元的坐标为 C（A，B），即以 B 个单位投入获得 A 个单位的产出。而 B 个单位的投入在生产前沿函数中对应的是 E 点（B，F），这意味着该生产单元存在产出不足。此时，该生产单元的技术效率可以界定为 TE = BC/BE，即既定要素投入条件下实际产出与最大产出之比（张晓敏，2017）。

图 1-2　莱宾斯坦界定的生产技术效率

（二）生产效率测度方法的基本原理

常用的生产技术效率的测度方法可以分为两类，一种是以数据包络分析（DEA）方法为代表的非参数估计法，另一种是以随机前沿分析法（SFA）为代表的参数估计法。

1. 数据包络分析法（DEA）

DEA 方法的基本思想是基于数学规划方法求解生产技术效率，其中比较成熟的模型有 CCR 模型和 BCC 模型。本书仅简要介绍产出导向型 DEA -

BCC 模型的基本思想。假设需要测算 n 个生产单元的生产效率,每个生产单元有 m 项生产要素投入指标和 s 项产出指标。第 j 个地区的第 i 项生产投入记为 x_{ij},第 j 个地区的第 r 项产出记为 y_{rj}。每个地区投入向量 $X_j = [x_{1j}, \cdots, x_{ij}\cdots, x_{mj}]^T$,产出向量为 $Y_j = [y_{1j}, \cdots, y_{ij}\cdots, y_{mj}]^T$。本书建立的 DEA – BCC 模型如下:

$$\text{Max } \theta - \varepsilon(e^T S^- + e^T S^+)$$

$$\text{s.t.} \begin{cases} \sum_{j=1}^{n} \varphi_j \cdot X_j + s^+ = X_0 \\ \sum_{j=1}^{n} \varphi_j \cdot Y_j - s^- = \theta \cdot Y_0 \\ \sum_{j=1}^{n} \varphi_j = 1 \\ \varphi_j \geq 0, s^+ \geq 0, s^- \geq 0, j = 1, 2, \cdots, n \end{cases} \quad (1-1)$$

当 $\theta < 1$ 时,可以认为被评价单元的生产缺乏效率;当 $\theta = 1$ 且 S^+ 和 S^- 不全为 0 时,可以认为被评价单元的生产 DEA 无效;当 $\theta = 1$ 且 S^+ 和 S^- 全为 0 时,可以认为被评价单元的生产 DEA 有效。

2. 随机前沿分析法 (SFA)

随机前沿分析法是利用前沿生产函数计算生产技术效率的参数估计法。(Battese & Coelli,1992)最早将随机前沿方法应用于面板数据中。本书简要介绍面板随机前沿方法的基本思想,其基本形式为:

$$y_{it} = f(x_{it}, \beta) \exp(\varepsilon_{it}) \quad (1-2)$$

$$\varepsilon = v_{it} - u_{it} \quad (1-3)$$

其中,y_{it} 表示第 i 个单元第 t 期的产出,x_{it} 表示第 i 个单位第 t 期的投入,β 为待估参数,ε 为误差修正项;v 为随机扰动项,u 为无效率项,两者相互独立。从产出角度来看,生产技术效率为既定投入下实际产出与最优产出(无效率项为 0)之比,那么可以用下式来表示生产技术效率:

$$TE_{it} = \frac{E[f(x_{it}, \beta) \exp(\varepsilon_{it})]}{E[f(x_{it}, \beta) \exp(v_{it}) | u_{it} = 0]} \quad (1-4)$$

值得注意的是,随机前沿分析法需要确定生产函数形式,其中运用比较多的是 C – D 生产函数和超越对数生产函数。假设只考虑资本(K)和劳动力(L)两种生产要素,产出为 Y。两种生产函数的表达形式分别为式(1-5)和

式 (1-6)：

$$\ln Y = \ln A + a_L \times \ln L + a_K \times \ln K \quad (1-5)$$

式 (1-5) 中 A 为科技进步因素，a_L 和 a_K 分别为待估参数。

$$\ln Y = a_0 + a_L \ln L + a_K \ln K + \frac{1}{2} a_{KK} (\ln K)^2 + \frac{1}{2} a_{LL} (\ln L)^2 + a_{KL} \ln K \ln L \quad (1-6)$$

式 (1-6) 中 a_0、a_L、a_K、a_{KK}、a_{KL} 和 a_{KL} 为待估参数。

需要说明的是，生产效率相关理论在本书中的运用体现在两个方面：第一，本书第六章实证研究农业机械化服务对粮食生产能力的影响时，将采用C-D生产函数形式进行估计。第二，本书的第七章将采用面板随机前沿分析法和C-D生产函数形式来测算粮食生产效率。

第二章

我国粮食生产和农业机械化服务的基本现状

第一节 我国粮食生产的基本现状

一、粮食生产能力的基本现状

粮食总产量是粮食综合生产能力的直接体现,而粮食总产量又直接取决于粮食播种面积和粮食单产水平。因此,本书将从粮食总产量、粮食播种面积和粮食单产水平3个方面来分析我国粮食生产能力的基本现状。

(一) 粮食总产量

图2-1显示了1998~2017年我国粮食总产量的变化趋势。不难看出,改革开放以来,我国粮食总产量整体上呈现增长的基本态势,粮食总产量从1978年的30476.50万吨增长到2017年的61793.03万吨,40年间增长了1.03倍。1978~1998年,我国粮食总产量整体呈现波动增长的趋势,在这期间粮食总产量从30476.50万吨增长到51229.50万吨。但从1999年开始,我国粮食总产量出现连续5年的下滑,从1998年的51229.50万吨减少到2003年的43069.50万吨。我国在2004年开始实施农业补贴政策,粮食生产出现了较为罕见的"十二连增",从2003年的43069.50万吨增加到2015年的62143.92万吨。2015~2017年我国粮食总产量保持平稳,稳定在62000万吨左右。

图2-2显示了1998~2017年我国稻谷、小麦和玉米3种主粮产量的变化趋势。通过图2-2不难看出,1978~2017年我国3种主粮作物的产量整体上均呈现增长的基本态势,其中稻谷总产量从1978年的13693万吨增长到2017年的20855.98万吨,40年间增长了0.52倍;小麦总产量从1978年的

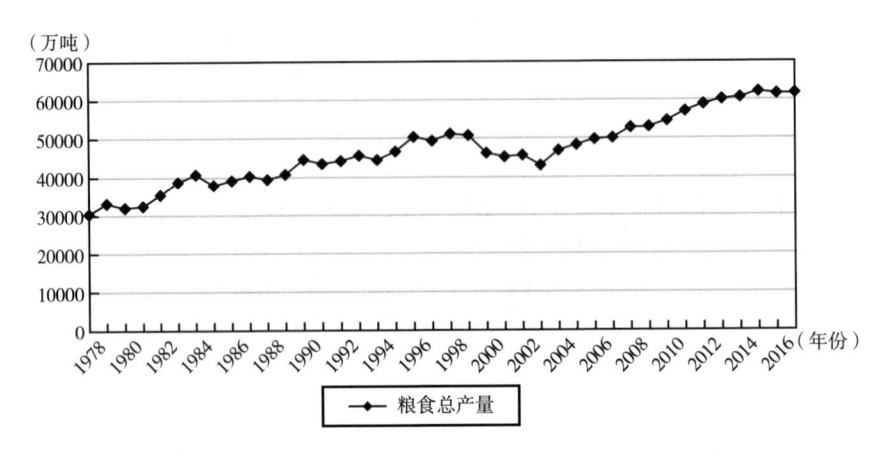

图 2-1　1978～2017 年我国粮食总产量的变动情况

资料来源：《中国统计年鉴》。

5384 万吨增长到 2017 年的 12977.41 万吨，40 年间增长了 1.41 倍；玉米总产量从 1978 年的 5594.5 万吨增长到 2017 年的 21589.06 万吨，40 年间增长了 2.86 倍。尽管稻谷、小麦和玉米产量的阶段性特征有所不同，但整体上与我国粮食总产量一样，都经历了"波动增长—下滑—连增—稳定"的过程。我国稻谷产量在 1978 年至 1997 年呈现出波动增长的特征，从 13693 万吨增加到 20073.50 万吨；从 1998 年开始，我国稻谷产量出现连续 6 年的下滑，稻谷总产量从 1997 年的 20073.50 万吨减少到 2003 年的 16065.60 万吨；从 2004 年开始，我国稻谷产量出现"九连增"，从 2003 年的 16065.60 万吨增长到 2012 年的 20423.59 万吨；从 2013 年开始，我国稻谷产量基本上稳定在 20000 万吨以上。我国小麦总产量在 1978～1999 年呈现出波动增长的特征，从 5384 万吨增长到 11388 万吨；从 2000 年开始，我国小麦产量出现连续 4 年的下滑，小麦总产量从 1999 年的 11388 万吨减少到 2003 年的 8648.8 万吨；2004 年开始，我国小麦总产量出现"十二连增"，从 2003 年的 8648.8 万吨增长到 2015 年的 13018.52 万吨，此后我国小麦总产量基本上稳定在 13000 万吨左右。我国玉米总产量在 1978～1998 年呈现波动增长的趋势，从 1978 年的 5594.50 万吨增长到 1998 年的 13295.40 万吨。1999～2003 年，我国玉米总产量出现波动性下滑，从 1998 年的 13295.40 万吨减少到 2003 年的 11583.00 万吨。从 2004 年开始，我国玉米总产量也出现"十二连增"，从 2003 年的 11583.00 万吨增加到 2015 年的 22463.16 万吨，此后我国玉米总产量开始稳定在 20000 吨以上。另外，玉米总产量从 2000 年至今一直都高于小麦，在2012年又超越了稻谷总产量，2012～2017年玉米总产量稳居三大主粮第一位。

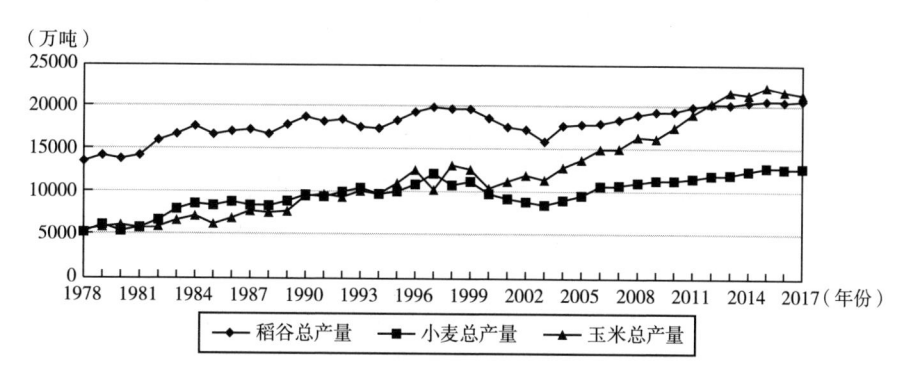

图2-2 1978～2017年我国三大主粮产量的变动情况

资料来源：《中国统计年鉴》。

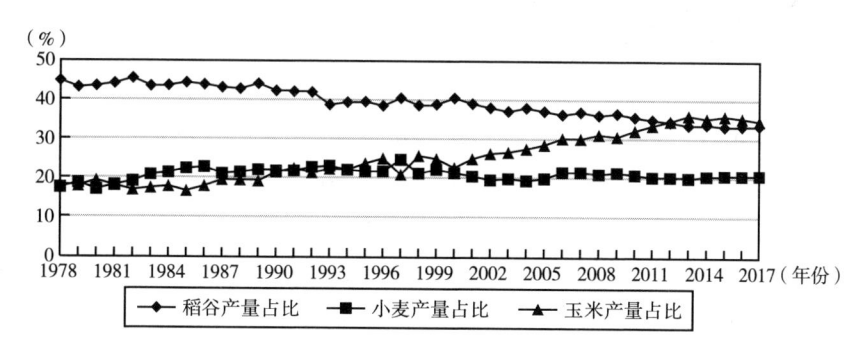

图2-3显示了1978～2017年我国稻谷、小麦和玉米产量占粮食总产量比重的变动情况。不难看出，1978～2017年我国稻谷产量占粮食总产量的百分比整体上呈现下降的趋势，从1978年的44.93%减少到2017年的33.75%，下降了11.18个百分点；小麦产量占粮食总产量的百分比一直稳定在20%左右；而玉米产量占粮食总产量的百分比整体上呈上升趋势，从1978年的18.36%增长到2017年的34.94%，增加了16.58个百分点。

图2-3 1978～2017年我国稻谷、小麦和玉米产量占粮食总产量比重的变动情况

资料来源：《中国统计年鉴》。

（二）粮食播种面积

图2-4显示了1978～2017年我国粮食播种面积的变动情况。改革开放

以来，我国粮食播种面积整体呈现"先波动下降，后平稳上升"的基本态势。1978~2003 年我国粮食播种面积从 120587 千公顷减少到 99410 千公顷，从 2003 年开始触底反弹，实现了粮食播种面积的"十三连增"，从 2003 年的 99410 千公顷增加到 2016 年的 119230 千公顷。1978~2017 年，我国粮食播种面积占农作物播种面积的百分比则呈现"先平稳下降，后平稳上升"的基本态势。1978~2003 年，我国粮食播种面积占农作物播种面积的比重从 80.34% 下降到 65.22%，减少了 15.12 个百分点，同样在 2003 年开始触底反弹，从 2003 年的 65.22% 平稳增加到 2017 年的 70.94%，增加了 5.72 个百分点。

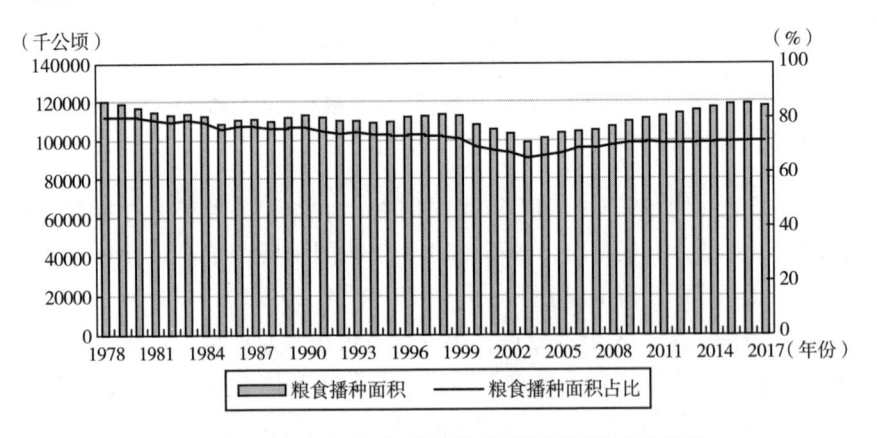

图 2-4 1978~2017 年我国粮食播种面积的变动情况

资料来源：《中国统计年鉴》。

图 2-5 显示了 1978~2017 年我国稻谷、小麦和玉米 3 大主粮作物播种面积的变动情况。改革开放以来，我国稻谷播种面积整体呈现"先波动下降，后平稳上升"的基本态势，与粮食播种面积的变化趋势基本一致。1978~2003 年我国稻谷播种面积从 34420.9 千公顷减少到 26507.8 千公顷，自 2003 年开始触底反弹，实现了稻谷播种面积的"十二连增"，从 2003 年的 26507.8 千公顷增加到 2015 年的 30784 千公顷，此后一直稳定在 30000 千公顷以上。同粮食播种面积和稻谷播种面积一样，1978~2017 年我国小麦播种面积也经历了"先波动下降，后平稳上升"的变化。1978~2004 年我国小麦播种面积从 29182.6 千公顷减少到 21626 千公顷，自 2004 年开始触底反弹，从 2004 年的 21626 千公顷增加到 2017 年的 24508 千公顷。而玉米播种面积的变化趋势则与水稻和小麦不一样，1978~2017 年我国玉米播种面积整体上呈现上涨的趋势，从 1978 年的 19961.1 千公顷增加到了 2017 年的 42399 千

公顷，增长了1.12倍。分阶段来看，1978～1999年我国玉米播种面积呈现波动增长趋势，从19961.1千公顷增加到了25903.7千公顷；1999～2003年玉米播种面积从25903.7千公顷减少到了24068.2千公顷；自2004年开始，玉米播种面积实现了"十三连增"从2003年的24068.2千公顷增加到了2015年的44968千公顷，此后稳定在42000千公顷以上。另外，玉米播种面积在2002年开始超越小麦，又在2007年超过稻谷，此后玉米播种面积一直稳居三大主粮的第一位。

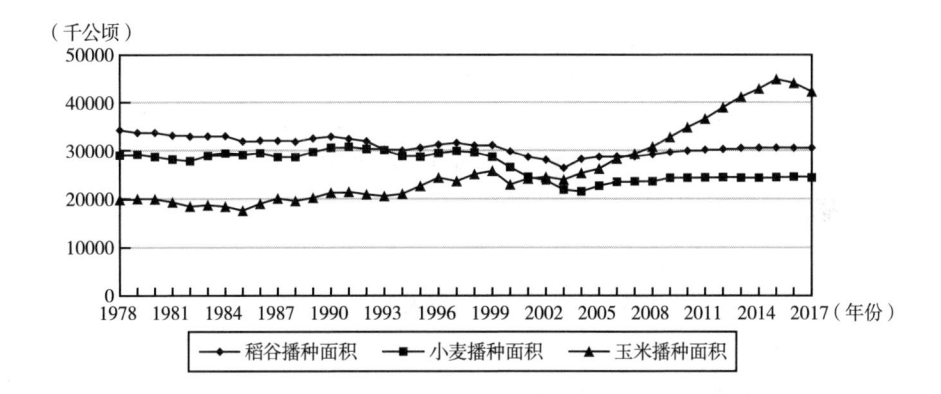

图2-5 1978～2017年我国稻谷、小麦和玉米
3大主粮作物播种面积的变动情况

资料来源：《中国统计年鉴》。

图2-6显示了1978～2017年我国稻谷、小麦和玉米播种面积占农作物播种面积比重的变动情况。1978～2017年我国稻谷占农作物播种面积的比重整体呈下降趋势，从1978年的28.40%下降到2017年的26.06%，减少了2.32个百分点，但整体稳定在25%～30%之间。分阶段来看，1978～1985年我国稻谷占农作物播种面积的比重呈现平稳增长的趋势，从28.54%增加到峰值29.46%；1985～2017年我国稻谷占农作物播种面积的比重呈现波动下降的趋势，从1985年的29.46%下降到2017年的26.06%，减少了3.4个百分点。1978～2017年我国小麦占农作物播种面积的比重整体呈现"先上升，后下降"的变化态势。1978～1992年我国小麦占农作物播种面积的比重呈现平稳增长的趋势，从24.20%增加到峰值27.58%。1992～2017年我国小麦占农作物播种面积的比重呈现波动下降的趋势，从1992年的27.58%下降到2017年的20.77%，减少了6.81个百分点。1978～2017年我国玉米占农作物播种面积的比重整体呈上升趋势，从16.55%增加到35.93%，增加了

19.38个百分点。

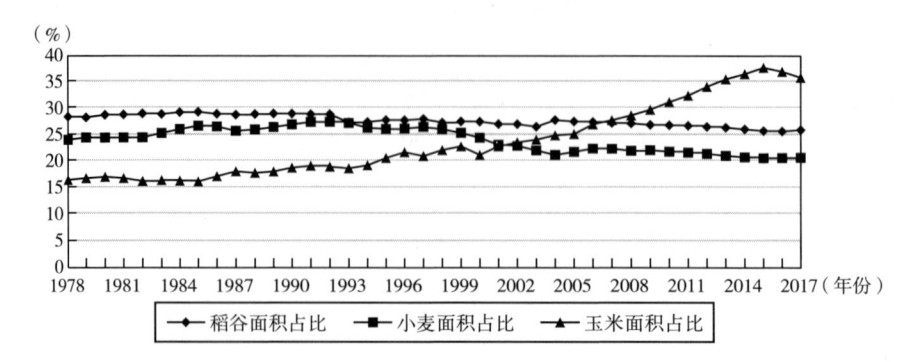

图 2-6 1978~2017 年我国稻谷、小麦和玉米播种面积占农作物播种面积比重的变动情况

资料来源：《中国统计年鉴》。

（三）粮食单产水平

改革开放以来，我国粮食单产水平整体上呈现上升趋势。如图 2-7 所示，1978~2017 年，我国粮食单产水平从 2527.34 公斤/公顷提高到了 5237.19 公斤/公顷，增长了 1.07 倍；稻谷单产水平从 3978.11 公斤/公顷提高到了 6783.09 公斤/公顷，增长了 0.71 倍；小麦单产水平从 1844.93 公斤/公顷提高到了 5295.17 公斤/公顷，增长了 1.87 倍；玉米单产水平从 2802.70 公斤/公顷提高到了 5091.88 公斤/公顷，增长了 0.81 倍。三大主粮中单产水平最高的是稻谷，单产水平提升最快的是小麦。

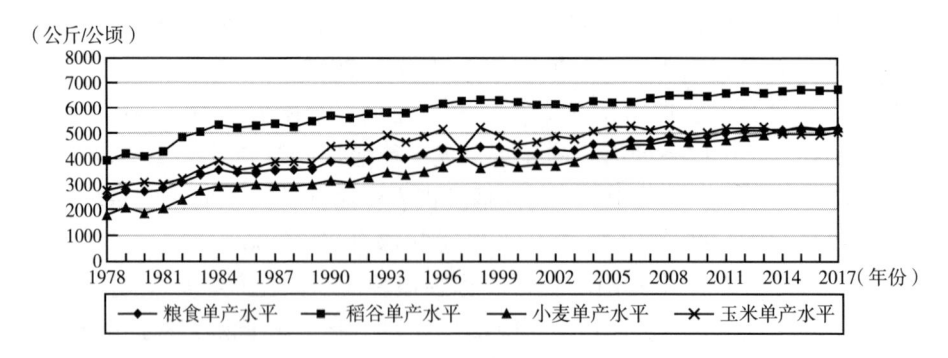

图 2-7 1978~2017 年粮食单产水平的变动情况

注：粮食单产水平等于粮食总产量除以粮食播种面积。
资料来源：《中国统计年鉴》。

二、粮食生产要素投入的基本现状

前文分析了我国粮食生产能力的基本现状，不难发现，1999~2003年我国粮食总产量和粮食播种面积出现了不同程度的下滑，但从2004年开始粮食产量和粮食播种面积开始出现"连增"现象。学者们认为这一现象的主要原因是自2004年开始我国实施了以农业补贴政策为主体的一系列惠农政策，调动了农户的种粮积极性。2004年可以视为我国粮食生产的一个重要的"拐点"。《全国农产品成本收益资料汇编》是国内详细记录各地区农产品成本收益的权威统计资料，其中也详细记载了稻谷、小麦和玉米等粮食作物的要素投入（包括人工、化肥、机械和其他成本等）情况。因此，本书将利用《全国农产品成本收益资料汇编》的统计数据来分析2004~2016年我国粮食生产要素投入的基本情况。

（一）劳动力投入的基本情况

用工量是反映劳动力投入的直接指标。图2-8显示了2004~2016年我国粮食作物每亩用工投入量的基本情况。整体上看，我国粮食每亩用工量、稻谷每亩用工量、小麦每亩用工量和玉米每亩用工量均呈现减少的趋势。其中粮食每亩用工量从2004年的9.97日减少到2016年的5.31日，减少了46.74%；稻谷每亩用工量从2004年的11.85日减少到2016年的5.81日，减少了50.72%；小麦每亩用工量从2004年的8.1日减少到2016年的4.54日，减少了43.95%；玉米每亩用工量从2004年的9.97日减少到2016年的5.57日，减少了44.13%。另外，稻谷每亩用工量一直高于小麦和玉米，这表明相比小麦和玉米而言，稻谷生产需要更多的人工投入。

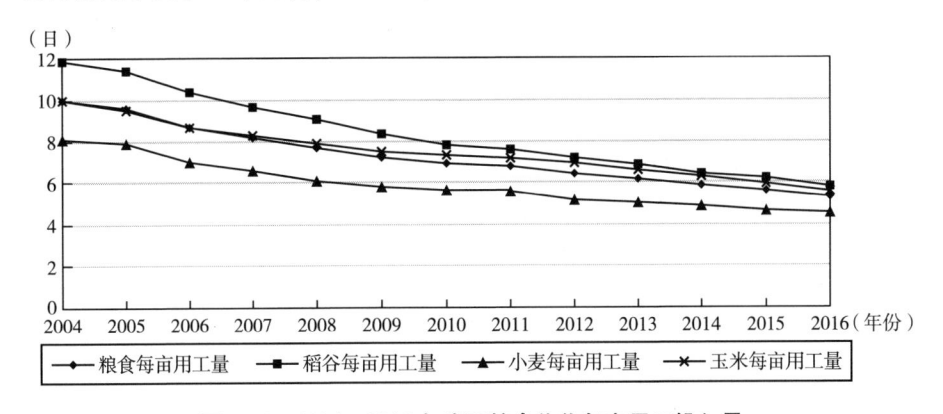

图2-8　2004~2016年我国粮食作物每亩用工投入量

资料来源：2005~2017年的《全国农产品成本收益资料汇编》。

（二）机械投入的基本情况

《全国农产品成本收益资料汇编》记录了粮食作物的每亩租赁机械作业费用，可以用来衡量粮食作物的每亩机械投入。图2-9显示了2004~2016年我国粮食作物每亩机械作业费用的基本情况。整体上看，我国粮食每亩机械作业费用、稻谷每亩机械作业费用、小麦每亩机械作业费用和玉米每亩机械作业费用均呈现上涨的趋势。粮食每亩机械作业费用从2004年的31.58元增加到2016年的112.52元，增加了2.56倍；稻谷每亩机械作业费用从2004年的32.68元增加到2016年的142.46元，增加了3.36倍；小麦每亩机械作业费用从2004年的43.22元增加到了2016年的109.93元，增加了1.54倍；玉米每亩机械作业费用从2004年的18.85元增加到了2016年的90.17元，增加了3.78倍。另外，从2009年开始稻谷每亩机械作业费用超过小麦，稳居三大主粮第一位。

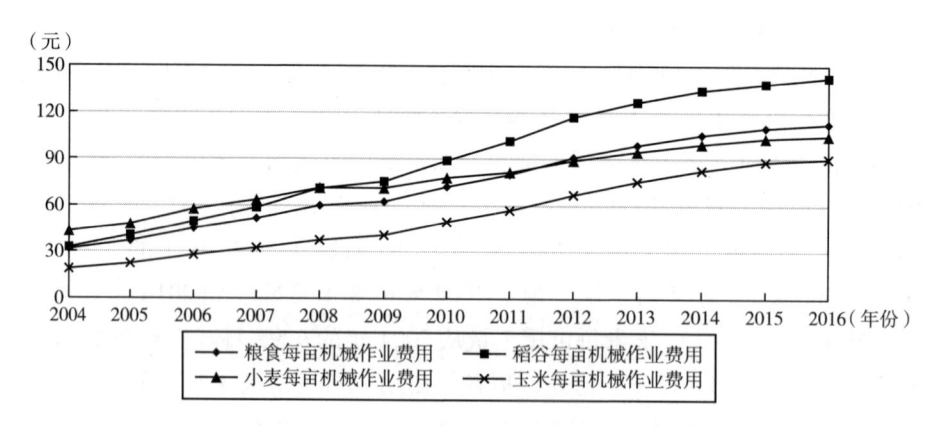

图2-9 2004~2016年我国粮食作物每亩机械作业费用

注：粮食、稻谷、小麦和玉米的每亩机械作业费用均利用农机具价格指数折算为2004年的可比价格水平。

资料来源：2005~2017年的《全国农产品成本收益资料汇编》。

（三）化肥投入的基本情况

图2-10显示了2004~2016年我国粮食作物每亩化肥使用量的基本情况。整体上看，我国粮食每亩化肥使用量、稻谷每亩化肥使用量、小麦每亩化肥使用量和玉米每亩化肥使用量均呈现增加的趋势。具体来看，粮食每亩化肥使用量从2004年的19.14公斤增加到2016年的24.93公斤，增长了30.25%；稻谷每亩化肥使用量从2004年的19.52公斤增加到2016年的22.63公斤，增长了43.12%；小麦每亩化肥使用量从2004年的19.11公斤增加到了2016年的27.35公斤，增加了1.54倍；玉米每亩化肥使用量从

2004 年的 18.81 公斤增加到了 2016 年的 24.82 公斤，增长了 31.95%。另外，从 2005 年开始，小麦每亩化肥使用量要高于水稻和玉米。

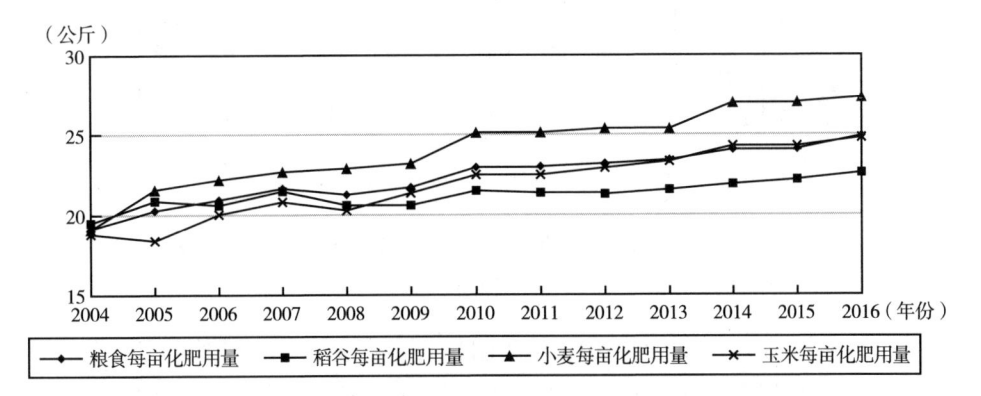

图 2－10　2004～2016 年我国粮食作物每亩化肥使用量

资料来源：2005～2017 年的《全国农产品成本收益资料汇编》。

（四）粮食生产要素投入结构的变化

为了更加深入分析粮食生产要素投入结构，本书参考《全国农产品成本收益资料汇编》中对粮食生产成本的分类方法，将粮食生产要素投入分为人工成本、机械作业费用、化肥费用和其他物质服务费用 4 个部分。图 2－11 显示了 2004～2016 年我国粮食生产要素投入结构的基本情况。从图 2－11 可以看出，2004～2016 年人工成本占粮食生产成本的比重整体呈现"先下降，再上升，后趋稳"的基本态势。具体而言，2004～2008 年人工成本比重从 41.38% 减少到 37.82%，2008 年开始触底反弹，一直上涨到 2014 年的 51.67%，此后一直稳定在 50% 以上。2004～2016 年化肥费用占粮食生产成本的比重整体呈现"先上升，后下降"的变化态势。具体而言，2004～2008 年化肥费用比重从 20.93% 上升到峰值 25.60%，自此以后开始持续下滑，一直减少到 2016 年的 14.80%。2004～2016 年机械费用占粮食生产成本的比重整体呈现上升趋势，从 9.25% 提高到 16.39%，增加了 7.14 个百分点。2014～2016 年其他物质服务费用占粮食生产成本的比重整体呈现下降趋势，从 28.44% 减少到 18.12%，减少了 10.32 个百分点。2016 年粮食生产成本占比最大的是人工成本，其次是其他物质服务费用，再次是机械作业费用，最少的是化肥费用。

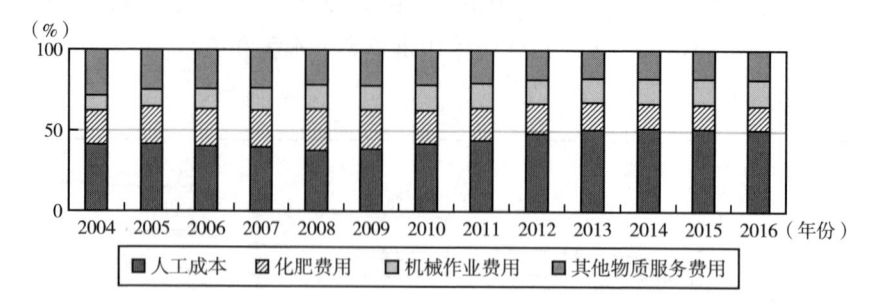

农业机械化服务对粮食生产的影响研究

图 2-11 2004~2016 年我国粮食生产要素投入结构的基本情况

资料来源：2005~2017 年的《全国农产品成本收益资料汇编》。

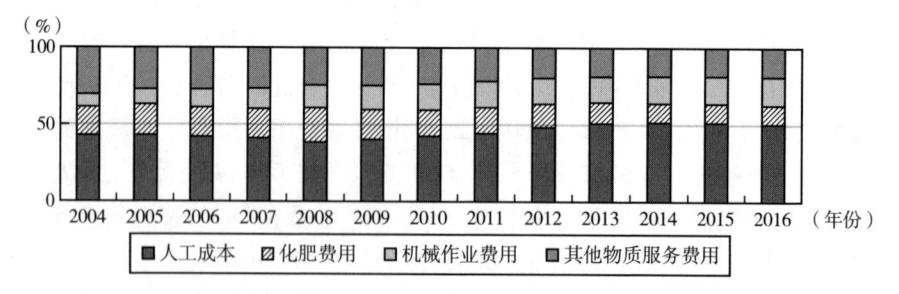

图 2-12 显示了 2004~2016 年我国稻谷生产要素投入结构的基本情况。从图 2-12 可以看出，2004~2016 年人工成本占稻谷生产成本的比重也整体呈现"先下降，再上升，后趋稳"的基本态势。具体而言，2004~2008 年人工成本比重从 43.11% 减少到 38.60%，2008 年开始触底反弹，一直上涨到 2014 年的 51.59%，此后一直稳定在 50% 以上。2004~2016 年化肥费用占稻谷生产成本的比重整体呈现"先上升，后下降"的变化态势。具体而言，2004~2008 年化肥费用比重从 18.31% 上升到峰值 22.30%，自此以后开始持续下滑，一直减少到 2016 年的 12.24%。2004~2016 年机械费用占稻谷生产成本的比重整体呈现上升趋势，从 8.22% 提高到 18.45%，增加了 10.23 个百分点。2014~2016 年其他物质服务费用占稻谷生产成本的比重整体呈现下降趋势，从 30.37% 减少到 18.76%，减少了 11.61 个百分点。2016 年稻谷生产成本占比最大的是人工成本，第二是其他物质服务费用，第三是机械作业费用，最少的是化肥费用。

图 2-12 2004~2016 年我国稻谷生产要素投入结构的基本情况

资料来源：2005~2017 年的《全国农产品成本收益资料汇编》。

图 2-13 显示了 2004~2016 年我国小麦生产要素投入结构的基本情况。从图 2-13 可以看出，2004~2016 年人工成本占小麦生产成本的比重也整体呈现"先下降，再上升，后趋稳"的基本态势。具体而言，2004~2009 年人工成本比重从 35.83% 减少到 31.45%，2009 年开始触底反弹，一直上涨到 2014 年的 46.54%，此后一直稳定在 45% 以上。2004~2016 年化肥费用占小麦生产成本的比重整体呈现"先上升，后下降"的变化态势。具体而言，2004~2009 年化肥费用比重从 21.43% 上升到峰值 29.23%，自此以后开始持续下滑，一直减少到 2016 年的 17.48%。2004~2016 年机械费用占小麦生产成本的比重整体呈现"先上升，后下降"的变化态势。具体而言，2004~2009 年机械作业费用比重从 13.85% 提高到峰值 19.91%，此后开始呈现波动下降趋势，从 2009 年的 19.91% 减少到 2016 年 16.53%。2014~2016 年其他物质服务费用占小麦生产成本的比重整体呈现下降趋势，从 28.89% 减少到 19.94%，减少了 8.95 个百分点。2016 年稻谷生产成本占比最大的是人工成本，其次是其他物质服务费用，再次是化肥费用，最少的是机械作业费用。

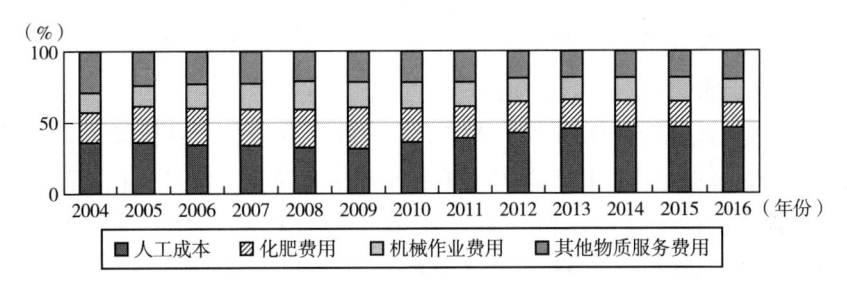

图 2-13　2004~2016 年我国小麦生产要素投入结构的基本情况

资料来源：2005~2017 年的《全国农产品成本收益资料汇编》。

图 2-14 显示了 2004~2016 年我国玉米生产要素投入结构的基本情况。从图 2-14 可以看出，2004~2016 年人工成本占玉米生产成本的比重也呈现"先下降，再上升，后趋稳"的基本态势。具体而言，2004~2008 年人工成本比重从 44.71% 减少到 42.11%，2008 年开始触底反弹，一直上涨到 2014 年的 56.54%，此后一直稳定在 55% 以上。2004~2016 年化肥费用占玉米生产成本的比重呈现"先上升，后下降"的变化态势。具体而言，2004~2008 年化肥费用比重从 23.74% 上升到峰值 28.69%，自此以后开始持续下滑，一直减少到 2016 年的 15.23%。2004~2016 年机械费用占玉米生产成本的比重整体呈现上升趋势，从 6% 提高到 13.83%，增加了 7.83 个百分点。2014~2016 年其他物质服务费用占稻谷生产成本的比重整体呈现下降趋势，从

25.56%减少到15.59%，减少了10.03个百分点。2016年玉米生产成本占比最大的是人工成本，其次是其他物质服务费用，再次是化肥费用，最少的是机械费用。

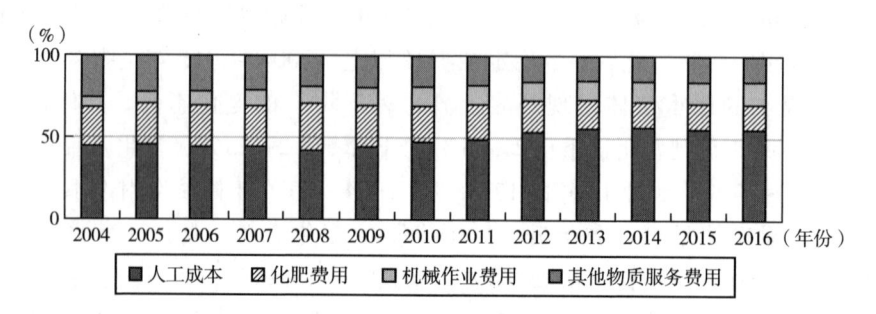

图2-14 2004~2016年我国玉米生产要素投入结构的基本情况

资料来源：2005~2017年的《全国农产品成本收益资料汇编》。

《全国农产品成本收益资料汇编》将租赁机械作业费用作为物质与服务费用的组成部分，因此本书使用"租赁机械作业费用占物质与服务费用的比重"来衡量机械化服务的利用水平。图2-15显示了2004~2016年我国粮食生产机械化服务的利用水平。通过图2-15，不难看出我国粮食、稻谷、小麦和玉米的机械化服务使用水平整体上均呈现上升趋势。具体而言，粮食生产机械化服务的使用水平从2004年的15.78%提高到了2016年的33.24%，提高了17.46个百分点；稻谷生产机械化服务的利用水平从2004年的14.44%提高到2016年的37.31%，提高了23.87个百分点；小麦生产机械化服务的利用水平从2004年的21.58%提高到2016年的30.64%，提高了10.06个百分点；玉米生产的机械化服务利用水平从2004年的10.85%提高到2016年的30.96%，提高了10.11个百分点。

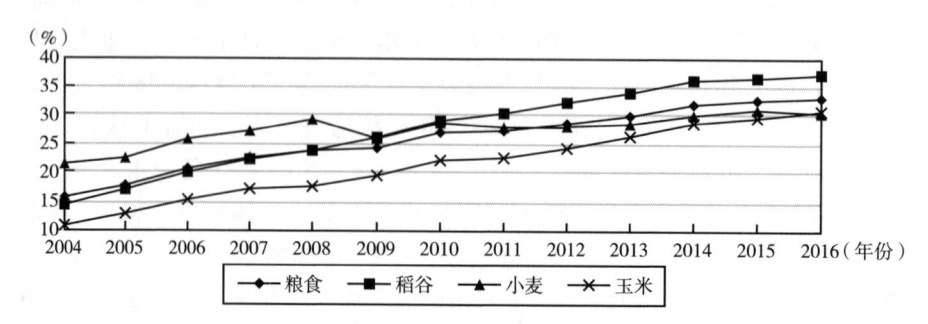

图2-15 2004~2016年我国粮食生产机械化服务的利用水平

资料来源：2005~2017年的《全国农产品成本收益资料汇编》。

第二节 我国农业机械化服务的发展历程

始于 1978 年的中国改革开放发轫于农业和农村（郭沛和肖亦天，2018）。作为中国农村改革的基石，家庭联产承包责任制的实施初步确定了我国农村基本经营制度（宋洪远，2018），调动了广大农户的生产积极性，也引发了我国农机经营方式的深刻变革，由此也拉开了我国农业机械化服务发展的序幕。40 年的农业机械化服务发展历程大致可以分为萌芽起步阶段（1978～1986 年）、初步发展阶段（1987～1995 年）、快速发展阶段（1996～2003 年）、全面发展阶段（2004～2012 年）和深化发展阶段（2013 年至今）5 个阶段。

一、萌芽起步阶段（1978～1986 年）

1978～1986 年是我国农业机械化服务发展的萌芽起步阶段，此阶段的主要特征为农户自营农机的兴起。新中国成立初期到改革开放之前的这段时期内，由于农机装备归国家和集体所有，国家和集体所有的农机站统一组织作业、统一管理协调是此期间内农机经营的最主要方式（宋修一，2009），具有强烈的计划经济色彩。这种农机经营管理方式为推进新中国农业机械化进程发挥了重要作用，同时也出现缺乏活力、效率低下等问题。伴随着家庭联产承包责任制的实行，一方面，生产力的解放决定了农业生产迫切需要农业机械化的支持；另一方面，传统的农机经营管理模式与小规模分散经营的现实农情不匹配。在这样的背景下，我国农业机械化服务开始出现萌芽，具体表现为部分集体经营的农机站开始实施承包制，具有购机能力的农民开始购机进行生产经营（董欢等，2016）。

同时，政府也从政策层面对农业社会化服务和农业机械化发展进行了战略部署。例如，1983 年出台的《当前农村经济政策的若干问题》明确提出"农民个人或联户购置小型拖拉机和小型机动船，从事生产和运输，应当允许"，同时也鼓励合作经济向农业生产的社会化服务领域拓展。1984 年的《关于一九八四年农村工作的通知》也强调扶持各种服务性专业户的发展，组织联合各方面力量更好地为农户服务。原农牧渔业部（现农业农村部）在 1985 年出台了《关于加强农机化管理工作的意见》，明确提出"积极支持各种专业户和合作经济组织自主经营各种农业机械"，允许农民在政策范围内从事农机作业服务（徐雪高等，2013）。1986年的《关于一九八六年农村工作的部署》也强调"按照农民的要求，提供系列化服务。通过服务逐步发展专业性的合作组织"。

《中国农业机械年鉴》（1987）的统计数据显示，1986年全国农机总动力达到22810万千瓦，与1978年相比增加了94.26%；农民个体拥有拖拉机数量达到471.6万台，约占全国总有量的87.80%，比1980年分别增加了467.8万台和86.3个百分点；农民个体农机经营收入达到259.3亿元，约占全国农机经营收入的82.20%。这表明农民个体正逐渐成为我国农机经营和投资的主要力量。

二、初级发展阶段（1987～1995年）

1987～1995年是我国农业机械化服务的初级发展阶段，此阶段的主要特征为小范围跨区作业服务的兴起（董欢等，2016）。部分购机农户为加快资金回笼，在利益的驱使下开始在本地范围内提供农机作业服务。由于小麦等作物的成熟期存在维度差异（南北差异），这就为农机跨区收割作业提供了客观条件（方师乐等，2017）。我国山西、河北、河南、山东和陕西等北方省份的农机手率先发现了这一商机，开始尝试扩大农机作业服务的半径，开展"南征北战"式的跨区收割服务（庄怀宇，2011）。在初级发展阶段，农机服务户大多在本地展开作业，作业环节比较单一（宋修一，2009）；参与跨区作业服务的农机户数量少，且大多在本省范围内跨区作业（董欢，2016；郑翔文，2016）。

据统计资料显示，1995年全国农机总动力达到35837.36万千瓦，与1986年相比增加了57.11%。农民个体拥有拖拉机数量达到887.13万台，比1986年增加了415.53万台。其中农户个体拥有的大中型拖拉机和小型拖拉机分别达到47.59万台和839.54万台，分别占全国拥有量的70.99%和97.38%。全国农机经营服务收入达到1297.27亿元，其中作业服务收入1055.89亿元。农户个体农机经营服务收入达到1036.80亿元，其中作业服务收入965.86亿元，分别占全国的79.92%和91.47%。[①]

三、快速发展阶段（1996～2003年）

1996年，原农业部（现农业农村部）首次召开了全国跨区小麦机收现场

[①] 笔者根据《中国农业机械年鉴》（1987）和《中国农业机械年鉴》（1996）的统计数据整理得到。

会，由此正式拉开了我国大规模跨区作业服务的序幕（董欢，2016），农业机械化服务也进入了快速发展阶段。此后，原农业部（现农业农村部）也出台了《联合收割机跨区作业管理办法》等一系列文件，对跨区作业服务的有序规范发展提出了新的要求（李林，2017）。交通部门以及各地政府也纷纷响应，出台了支持农机跨区作业服务的一系列优惠政策，为农业机械化服务的快速发展营造了良好的市场环境（庄怀宇，2011）。在此期间的农业机械化服务具有四个明显的阶段性特征：一是大规模农机跨区作业服务的浪潮席卷全国；二是政府开始有序组织大规模农机跨区作业服务；三是各类农机作业服务组织不断涌现；四是农机作业服务范围从小麦拓展到玉米和稻谷等粮食作物，农机作业服务环节从机收延伸至机耕、机播和机插等多环节。

据统计资料显示，2003 年全国农机总动力达到 60446.60 万千瓦，比 1995 年增加了 68.67%。全国跨区机收小麦、水稻和玉米面积分别达到 4941.27 千公顷、1756.31 千公顷和 97.11 千公顷。各类农机作业服务人员数达到 3685.7470 万人，比 2000 年增加了 410.19 万人。农机户和农机服务专业户分别达到 3054.60 万户和 360.38 万户，比 2000 年分别增加了 339.87 万户和 26.08 万户。全国农机经营服务收入达到 2269.68 亿元，其中作业服务收入 2013.45 亿元。农机户经营服务收入达到 1964.17 亿元，其中作业服务收入 1850.30 亿元，分别占全国的 86.54% 和 91.90%。[①]

四、全面发展阶段（2004~2012 年）

2004 年是我国农业机械化服务发展的重要时间节点。这一年的《中共中央国务院关于促进农民增加收入若干政策的意见》明确开始实施农机购置补贴政策，农机购置补贴政策的实施大大增强了农业机械化服务组织的服务能力（潘经韬和陈池波，2018），为农业机械化服务的全面发展奠定了基础。同年，我国通过并实行了《农业机械化促进法》，以法律形式对农机科研开发、质量保障、推广使用、社会化服务以及扶持措施等方面提出了系统性和规范性的要求，为农业机械化服务的全面发展提供了制度保障。至此，我国农业机械化服务进入了全面发展阶段。

2004~2012 年是我国农业机械化服务的全面发展阶段，这期间我国农业机械化服务主要表现为两个阶段性特征：一是农业机械化服务供给主体的组织

---

① 笔者根据《中国农业机械年鉴》（1996）和《中国农业机械统计年鉴》（2004）的统计数据整理得到。

化程度不断提高，服务能力不断增强。2012年我国农机作业服务组织人员数达到144.91万人，比2004年增长了29.44万人。拥有机械原值超过20万元的农机作业服务组织达到72562个，占农机作业服务组织的比例达到43.44%，分别比2008年增加24403个和12.73个百分点。农机专业合作社数量达到34429个，比2008年增长了299.32%。农机服务专业户达到519.62万户，比2008年增加了97.89万户。二是农业机械化服务的市场规模不断扩大。2012年全国跨区作业服务面积达到34295.88千公顷，比2004年增加了126.47%。2012年全国农业机械化作业服务总收入达到4180.33亿元，比2004年增长了99.38%。[①]

五、深化发展阶段（2013年至今）

2013年原农业部（现农业农村部）发布了《关于大力推进农机社会化服务的意见》，对培育服务主体、构建服务体系、完善服务机制和培养服务人才等四项任务进行了具体要求，这标志着我国农业机械化服务正式进入一个崭新阶段——深化发展阶段。此后，每年的"中央一号"文件都对发展农业机械化服务进行了相应的要求。2017年，原农业部（现农业农村部）、国家发改委和财政部联合发布了《加快发展农业生产服务业的指导意见》，对发展农机作业服务提出了新的要求。

农业机械化服务的深化发展阶段主要呈现三个特征：一是农业机械化服务主体的组织化、专业化程度进一步提升。2016年我国农机作业服务组织达到18.73万个，比2012年增加了2.03万个。其中拥有机械原值超过20万元的农机作业服务组织达到10.37万个，比2012年增加了3.11万个，其占比也从2012年的43.44%提高到了2016年的55.36%，提高了11.80个百分点。全国农机专业合作社数量从2012年的3.44万个增加到了6.32万个，提高了83.72%。而2016年的农机服务专业户相比2012年减少了14.03万户。二是农业机械化服务市场规模进一步扩大，但是跨区作业服务市场开始萎缩。2016年全国农机服务总收入达到5388.04亿元，比2012年增加了11.30%。农机跨区作业面积从2012年的34295.88千公顷减少到2016年的23386.95千公顷，减少了31.80%。[②] 三是农业机械化服务向生产全程机械化服务发

[①] 笔者根据《中国农业机械年鉴》（2004）和《中国农业机械年鉴》（2013）的统计数据整理得到。

[②] 笔者根据《中国农业机械年鉴》（2013）和《中国农业机械年鉴》（2017）的统计数据整理得到。

展,即作业服务环节由传统的耕种收向包括田间管理、烘干存储在内的全程机械化发展。

第三节 农业机械化服务发展的整体态势

农业机械化服务发展的整体态势可以概括为三点:第一,服务主体由多元化向组织化演变;第二,服务内容由单项向综合化发展;第三,服务形式呈现多样化格局。

一、服务主体组织化

伴随着我国农业机械化服务的发展,农业机械化服务主体也经历从单一化到多元化的发展过程,基本形成了农机作业服务专业户(农机专业户)、农机专业合作社和农机作业服务公司等服务主体多元化竞争的局面。但农业机械化服务主体正由多元化向组织化演变,其中一个重要的表征就是农机专业户开始减少,而以农业专业合作社为代表的农机服务组织数量开始增加。正如表2-1所示,2012~2016年五年间农业机械化服务组织和农机专业合作社的数量及人员数均呈现逐年增加的趋势,而农机作业服务专业户从2015年开始呈现出下降的趋势。另外,农业机械化服务组织人员占全国农机专业服务人员的比例从2012年的16.47%提高到2016年的22.39%,农机专业合作社人员占全国农机专业服务人员的比例从2012年的9.30%提高到2016年的15.59%,但农机专业户是农机专业服务人员的主要群体。

表2-1　　　2012~2016年我国农业机械化服务主体的基本情况

类别	2012年	2013年	2014年	2015年	2016年
农业机械化服务组织数量(万)	16.70	16.86	17.51	18.25	18.73
农业机械化服务组织人员(万)	144.91	170.79	189.48	199.3	208.07
农机专业合作社数量(万)	3.44	4.22	4.94	5.65	6.32
农机专业合作社人员(万)	81.78	109.72	129.22	138.3	144.94
农机服务专业户(万)	519.62	524.27	525.08	522.86	505.59
服务组织人员占农机专业服务人员的比例(%)	16.47	18.95	20.39	21.29	22.39

续表

类别	2012 年	2013 年	2014 年	2015 年	2016 年
农机合作社人员占服务组织人员的比例（%）	56.44	64.24	68.20	69.39	69.66
农机合作社人员占农机专业服务人员的比例（%）	9.30	12.17	13.90	14.78	15.59

注：农机专业服务人员用农机专业户人员和农业机械化服务组织人员来衡量。

资料来源：《中国农业机械工业年鉴》（2013～2017）。

二、服务内容综合化

前文在回顾农业机械化服务的发展历程时提到，早期的农业机械化服务以小麦、玉米和水稻等粮食作物的机收服务为主。伴随着农业机械化服务的发展，服务组织的作业功能和作业能力不断提高，服务领域不断扩大，服务内容整体呈现由单一化向综合化发展的基本态势。具体而言，农业机械化服务的作业环节由收割，延伸到耕整、播种和收割等主要环节，并逐步拓展到育秧插秧、灌溉、田间管理、施肥施药、烘干储存等更多环节，正向全程机械化服务和农事综合管理方向发展。服务作物品种从小麦、玉米和稻谷等粮食作物，逐步扩大到油菜、茶叶、甘蔗等经济作物。

三、服务模式多样化

目前，我国农业机械化服务模式呈现多样化格局，以满足农业经营主体的多元化需求。具体而言，主要有订单作业模式、托管作业模式、承包经营模式和跨区作业模式四种类型。

（1）订单作业模式。订单作业模式是农业机械化服务最为常见的模式。农业机械化服务主体为农业经营者提供包括机耕、机播、机收等生产环节的"一篮子"作业服务。农业经营者根据自身需求选择相应的服务内容，并通过口头约定或者书面合同等形式，与服务主体就服务价格、作业量和作业标准等内容达成协议，并向服务主体支付相应的费用；农业机械化服务主体则按协议内容完成机械化作业。

（2）托管作业模式。托管作业模式是近几年来新兴的机械化服务模式。农业机械化服务主体向农业经营者提供包括机耕、机播、机收、田间管理等在内的"一揽子"机械化服务。农业经营者将农业生产环节托管给农业机械化服务主体，并按照合同协议的要求支付一笔托管费用，农业生产收益归农业经营主体所有。托管作业模式要求服务主体具有全程机械化的服务能力，而农机作业服务户不具备这种能力，通常较大规模的农业专业合作社和农机服务公司才具备这种实力。

（3）承包经营模式。农业机械化服务主体与农村集体组织或农户签订土地流转合同（承包经营合同），在承包期内"自主经营、自负盈亏"，并按合同约定的价格和方式向农村集体组织或农户支付土地租金。

（4）跨区作业模式。跨区作业模式是农业机械化服务主体根据农时需要，跨省、区、市、县进行机械化作业的服务模式。跨区作业模式是充分利用市场机制，合理配置农机装备资源的有效途径，也是有效提升农业机械化水平的重要路径。

第四节　农业机械化服务的供给主体分析

一、农业机械化服务供给主体的主要类型

（一）农机专业户

农机专业户是指家庭拥有农业机械，并以家庭为主要经营单位向农业经营主体提供农机作业服务的专业经营户和兼业经营户。农机专业户是我国农机作业服务市场化后最早一批农业机械化服务主体，通常以"单户经营、自负盈亏"为主要的经营原则，主要为周边农户提供订单式农机作业服务，也有部分农机专业户进行跨区作业。农机专业户小而散、服务能力有限、服务半径小、服务环节少，一般仅能提供单个或少数几个种植环节的作业服务，但在农机作业服务市场拥有较为明显的熟人关系和地缘优势。

（二）农机专业合作社

随着市场需求的日益旺盛和市场竞争的愈演愈烈，农机专业户的"单打独斗"式经营越来越不能适应市场的需要，部分农机专业户萌生了联合发展的动机和需求，于是农机专业合作社应运而生。农机专业合作社是指符合国家相关法律法规并在工商部门登记注册，以提供农机作业服务为主要经营业务的农民专业合作社（董欢，2016）。农机专业合作社在运行机制上采取组织化统一运作的模式，统一制定农机作业服务收费标准，统一调配组织成员开展农机作业，

统一为组织成员提供技术培训；在服务内容上从少数环节机械化服务逐步拓展到全程机械化服务；在分配机制上通常采用"按股分配+按劳分配"模式，尽可能实现利益的公平分配。农机专业合作社是农民专业合作社的一种重要类型，同时更是农机作业服务市场中最具活力的服务组织之一（董洁芳等，2015）。

（三）农机作业服务公司

农机作业服务公司是指以农机作业服务为主营业务，并具有独立法人资格的营利性经济组织（董欢，2016）。农机作业服务公司通常采用企业化的运作模式，拥有较为完善的管理制度、财务制度和组织形式。农机作业服务公司通常在基层设有作业服务网点，配有专门的销售人员和技术人员，既负责收集农机作业市场信息，同时又向农业经营主体提供咨询服务和作业服务。农机作业服务公司拥有先进的农机作业技术和种类齐全的农机具，制定了规范的作业服务流程和合理的作业服务价格，作业内容基本覆盖了全部种植环节，服务对象主要为农业规模经营主体。农机作业服务公司在规模、资金和技术等方面相比其他农业机械化服务主体而言具有一定优势。

二、农业机械化服务供给主体的制度优势比较

在农机作业服务市场的初级阶段主要以农机专业户为主，随着市场需求的日益旺盛和市场竞争的愈演愈烈，农机作业服务市场上出现了农机专业合作社、农机作业服务公司等服务主体，农业机械化服务呈现多元化发展格局。每一类农业机械化服务主体必然有独特的优势使其能够在农机作业服务市场上活动，但近年来农业机械化服务主体开始呈现组织化发展趋势，一个典型现象就是农机专业户开始减少，而农机专业合作社的数量和规模开始增加。刘丽和昌杰（2015）利用交易成本理论比较了各类新型农业经营主体的制度优势。借鉴他们的分析思路，本书基于交易成本理论，尝试构建一个交易成本的分析框架来对比各类农业机械化服务主体的制度优势，为"农机专业户减少，而农机专业合作社的数量和规模增加"这一现象寻找合理的解释。

（一）农机机械化服务主体的交易成本

1. 农业机械化服务主体的外生交易成本

农业机械化服务主体的外生交易成本是指农机作业主体组织在交易过程中直接或间接产生的费用，具体包括农业机械化服务主体寻找交易对象、收集交易价格信息、谈判协商、签订交易合同、监督和履行合同等过程产生的费用。农业机械化服务主体的交易活动主要在两个交易市场进行，即农机产

品市场和农机作业市场。在农机产品市场中，农业机械化服务主体是购买方；而在农机作业市场中，农业机械化服务主体是供给方。因此，农业机械化服务主体的外生交易成本主要来源于它在这两个市场中的交易活动。本书认为农业机械化服务主体的外生交易成本主要包括三个部分：搜集信息的费用、谈判协商的费用以及确保交易执行的费用。

（1）搜集信息的费用。无论是农机产品市场还是农机作业市场中，农业机械化服务主体都要支付一定的信息收集费用，来寻找交易对象、交易产品以及交易价格等相关信息。信息收集费用通常与交易市场的成熟度、交易规模呈负相关。目前我国农机产品市场发展相对比较成熟，农业机械化服务主体获取市场信息的能力与其在农机产品市场所支付的信息收集费用呈负相关。而在农机作业服务市场，农业机械化服务主体主要依托社会关系网络来搜集相关市场信息，农业机械化服务主体的社会关系网络越大、地缘优势越明显，其在农机作业市场上的信息收集费用越低。

（2）谈判协商的费用。谈判协商的费用是指交易双方在签订合同之前谈判磋商的成本以及合同内容的确定成本。在农机产品市场中，农业机械化服务主体会针对农机产品的价格、质量、售后维修、支付方式等内容与农机生产商或农机经销商进行反复协商，需要耗费一定的时间成本和机会成本。在农机作业服务市场中，农业机械化服务主体也要针对农机作业服务内容、价格、土地信息以及双方的权利和义务与农户或其他农业经营主体进行反复谈判，也会产生一定的交易成本。无论是在农机产品市场还是农机作业服务市场，产品或服务价格、双方的权利和义务往往都是谈判协商的重点，也是产生谈判协商费用的主要来源。在农机产品市场上，农业机械化服务主体的谈判能力越强，越容易在协商谈判时处于优势地位，谈判协商费用越低。而在农机作业市场上，农业机械化服务主体的信誉机制越好、地缘优势越明显，谈判协商费用越低。

（3）确保交易执行的费用。确保交易执行的费用主要是指交易合约的执行、监督费用以及出现违约行为之后调解、裁决的相关费用。在农机产品市场中，农机经销商与农业机械化服务主体因质量、售后等问题存在纠纷、违约行为的可能，此时农业机械化服务主体确保交易执行的费用主要是处理纠纷、违约行为的费用，农业机械化服务主体的维权能力越强，其处理纠纷、违约行为的费用越低。在农机作业服务市场中，农业机械化服务主体也存在确保交易执行的费用，主要是交易合约的执行费用和监督费用。农业机械化服务主体的地缘优势越明显，监督费用越低。此外，土地细碎化程度越高，农业机械化服务主体执行交易的费用越高;交通条件越便利,农业机械化服务主体执行交易的费用越低。

2. 农业机械化服务主体的内生交易成本

内生交易成本是指组织内部成员为争夺分工利益的机会主义行为产生的交易成本,也包括组织成员"搭便车"行为引发的交易成本(曾祥凤,2008)。农业机械化服务主体的内生交易成本主要体现为组织内部分工、协调、合作以及相互监督所需要的成本。农业机械化服务主体的内生交易成本与组织成员的决策行为以及组织所选取的制度安排有关,主要受合约的不完全性、资产的专用性、管理者和成员的机会主义行为的影响。农业机械化服务主体可以通过组织制度的创新、利益分配机制的改进、监督机制的完善等途径降低内生交易成本。

3. 农业机械化服务主体的交易成本构成

农业机械化服务主体交易成本的构成如图 2 – 16 所示。用 TC,C_{ex1},C_{ex2},C_{en} 分别表示农业机械化服务主体在农机产品市场上的交易成本(外生交易成本Ⅰ)、农机作业市场上的交易成本(外生交易成本Ⅱ)和内生交易成本,则农业机械化服务主体的总交易成本可以记为:

$$TC = C_{ex1} + C_{ex2} + C_{en} \qquad (2-1)$$

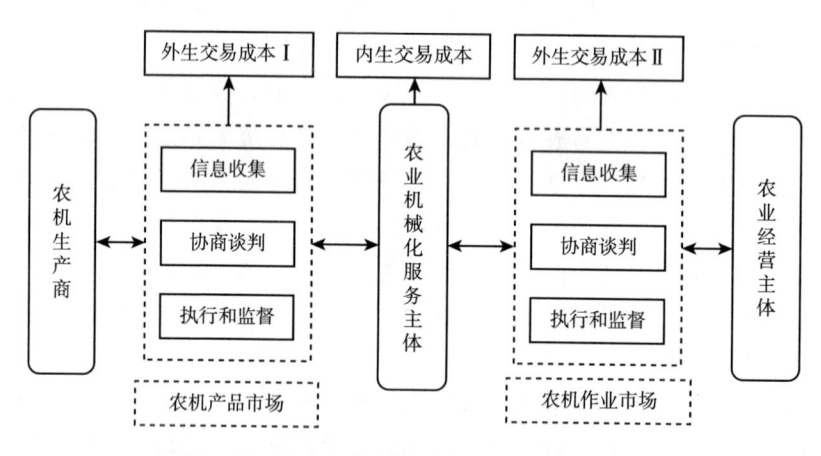

图 2 – 16 农业机械化服务主体的交易成本构成

(二)农业机械化服务主体的交易成本比较

目前我国农业机械化服务主体呈现多元化的发展格局,主要有农机专业户、农机专业合作社、农机作业服务公司三大类型。那么,三类农业机械化服务主体各有何制度优势?本书将基于交易成本的分析框架,比较三类农业机械化服务主体的内生交易成本和外生交易成本,进而分析三类农业机械化服务主体的制度优势和不足。

1. 农机专业户的交易成本

农机专业户在购买农机产品时需要耗费较多的时间成本去搜集农机产品相关信息、寻找合适的农机经销商，单个农机专业户的谈判能力不强，在与农机经销商讨价还价、协商的谈判成本较高。此外，农机专业户的维权意识淡薄、维权能力有限，在农机经销商因农机质量、售后问题出现违约行为时，农机专业户要付出较大的监督成本和维权成本，特别是在作业旺季，农机专业户还要承担较大的时间成本和经济损失。由于在特定的服务半径内拥有一定的熟人关系和地缘优势，农机专业户在农机作业服务市场中搜集信息、谈判协商以及确保交易执行的费用会大大减少。但是随着农机作业服务市场竞争的加剧，农机专业户的服务半径普遍在逐渐萎缩，农机专业户失去这个特定的服务半径后，将会付出很大的搜集信息、谈判协商以及确保交易执行的费用。农机专业户以家庭经营为主，家庭成员集决策者和执行者于一身，不存在或者很少有组织内部分工、协调、合作以及相互监督所需要的成本，因此内生交易成本非常低。那么农机专业户的交易成本可以表示为：

$$TC^1 = C_{ex1}^1 + C_{ex2}^1 + C_{en}^1 \qquad (2-2)$$

其中，C_{ex1}^1，C_{ex2}^1，C_{en}^1，TC^1 分别表示农机专业户在农机产品市场上的交易成本（外生交易成本Ⅰ）、农机作业市场上的交易成本（外生交易成本Ⅱ）、内生交易成本和总交易成本。

2. 农机专业合作社的交易成本

农机专业合作社在农机产品市场上通常会购置多台农业机械，在市场上具有一定的主动权，并掌握了比较充分的市场信息，拥有熟悉稳定的农机购置渠道，这样就节约了市场信息的收集成本；组织化的运行模式使农机专业合作社在农机产品市场上拥有较强的谈判能力、维权意识和维权能力，减少了农机合作社在农机产品市场上谈判协商、确保交易执行的费用。农机专业合作社成员多为经验丰富的农机手，农机手们有着稳定的关系网络和地缘优势，这样一来农机专业合作社就拥有了比农机专业户更强的聚合型社会关系网络和地缘优势，加之作业服务的规模化和标准化，农机专业合作社在农机作业服务市场会形成良好的声誉机制，大大降低了农机作业合作社在农机作业服务市场的交易成本。作为一种合作经济组织，农机专业合作社必然存在一定的内生交易成本。由于成员异质性、机会主义、"搭便车"行为等因素，农机专业合作社要承担组织内部分工、协调、合作以及相互监督所产生的成本，但合理的运行机制和分配机制能够有效规避一部分内生交易成本。因此，农机专业合作社的交易成本可以表示为：

$$TC^2 = C_{ex1}^2 + C_{ex2}^2 + C_{en}^2 \qquad (2-3)$$

其中，C_{ex1}^2，C_{ex2}^2，C_{en}^2，TC^2 分别表示农机专业合作社在农机产品市场上的交易成本（外生交易成本Ⅰ）、农机作业市场上的交易成本（外生交易成本Ⅱ）、内生交易成本和总交易成本。

3. 农机作业服务公司的交易成本

由于自身发展的需要，农机作业服务公司通常会在农机产品市场上批量购买农业机械，企业化的运作模式赋予了其在农机产品市场上更灵活的主动权。农机作业服务公司掌握了充分的市场信息，拥有较强的谈判能力和维权能力，甚至能够跳过农机经销商直接与农机生产厂家洽谈、协商，有效降低了其在农机产品市场上的交易成本。尽管农机作业服务公司在资金、技术、人才和规模上拥有很大的商业优势，但其在农机作业市场上缺乏熟人关系和地缘优势，与众多小而散的普通农户进行交易会大大增加交易成本，迫使农机作业服务公司将目标客户偏向经营规模较大的新型农业经营主体，来降低在农机作业市场上的交易成本。此外，农机作业服务公司较大的经营规模和投入成本使其面临较大的违约风险，在一定程度上增加了确保合同执行的交易成本。相比农机专业合作社而言，农机作业服务公司的组织化程度比较高，股东以资金、技术、机械等入股农机作业服务公司，公司聘用了技术、管理、市场等部门的员工，这就意味着农机服务作业公司要承担组织内部分工、协调、合作的成本。组织成员的机会主义行为和农机资产专用性也会造成昂贵的监督成本。此外，农机作业服务公司可能面临组织成员"公机私用"的道德风险，加大了公司农机的损耗，增加了公司农机的维修和保养成本。因此，农机专业合作社的交易成本可以表示为：

$$TC^3 = C_{ex1}^3 + C_{ex2}^3 + C_{en}^3 \qquad (2-4)$$

其中，C_{ex1}^3，C_{ex2}^3，C_{en}^3，TC^3 分别表示农机服务公司在农机产品市场上的交易成本（外生交易成本Ⅰ）、农机作业市场上的交易成本（外生交易成本Ⅱ）、内生交易成本和总交易成本。

4. 各类农业机械化服务主体的交易成本比较

前文分别对各类农业机械化服务主体的交易成本进行了分析，在此基础上，本书将对比分析各类农机作业服务组织的外生交易成本Ⅰ、外生交易成本Ⅱ、内生交易成本和总交易成本。

(1) 外生交易成本Ⅰ的比较。

由于农业机械化服务主体相比农机专业合作社和农机专业户具有明显的规模优势，因而在农机产品市场具有更强的信息收集能力、谈判能力和维权能力，所以农业机械化服务主体的外生交易成本Ⅰ最低。同样的道理，农机专业合作社在农机产品市场上的信息收集能力、谈判能力和维权能力强于农机专业户，所以农机专业合作社的外生交易成本Ⅰ要低于农机专业户。因此，三类农业机械化服务主体的外生交易成本Ⅰ比较关系为：农机专业户＞农机专业合作社＞农机作业服务公司，即 $C_{ex1}^1 > C_{ex1}^2 > C_{ex1}^3$。

(2) 外生交易成本Ⅱ的比较。

农机专业合作社的核心成员往往是作业经验丰富的农机手，大多来源于之前的农机专业户，因而农机专业合作社在服务区域内相比农机专业户和农机作业服务公司而言具有更广的社会关系网络和更明显的地缘优势，且具备良好的信誉机制，所以农机专业合作社的外生交易成本Ⅱ最低。农机专业户相比农机作业服务公司具有一定的熟人关系和地缘优势，加之农机作业服务公司因经营规模较大而面临较大的违约风险，导致确保合约执行的交易成本也较大，因而农机专业户的外生交易成本Ⅱ要低于农机作业服务公司。因此三类农业机械化服务主体的外生交易成本Ⅱ比较关系为：农机作业服务公司＞农机专业户＞农机专业合作社，即 $C_{ex2}^3 > C_{ex2}^1 > C_{ex}^2$。

(3) 内生交易成本的比较。

农机专业户以家庭经营为主，家庭成员集决策者和执行者于一身，不存在或者很少有组织内部分工、协调、合作以及相互监督所需要的成本，因此农机专业户的内生交易成本最低。相比农机作业服务公司而言，农机专业合作社组织结构松散、组织化程度低，但农机专业合作社通常是机手"带机入社"，同时分配机制采用"按股分配＋按劳分配"，对农机手有一定的激励效应，减少了组织内部监督和协调的成本。而农机作业服务公司组织形式规范、组织规模较大，需要承担较大的组织内部分工、协调、合作的成本，另外机会主义行为、农机资产专用性和"道德风险"也会造成昂贵的监督成本，所以农机专业合作社的内生交易成本要小于农机作业服务公司。因此三类农业机械化服务主体的内生交易成本比较关系为：农机作业服务公司＞农机专业合作社＞农机专业户，即 $C_{en}^3 > C_{en}^2 > C_{en}^1$。

(4) 总交易成本的比较。

首先，比较农机专业合作社和农机专业户的总交易成本。从客观事实来看，随着农机作业市场竞争的加剧，特别是跨区作业的兴起，农机专业户往往选择加入农机专业合作社、兼业化经营，甚至退出农机作业服务市场，农机专业户在农机作业市场中的主体地位逐渐削弱，这表明农机专业合作社的外生交易成本优势弥补了其内生交易成本劣势，即：$(C_{ex1}^1 + C_{ex2}^1) - (C_{ex1}^2 + C_{ex2}^2) > C_{en}^2 - C_{en}^1$，进一步可以得到：$C_{ex1}^1 + C_{ex2}^1 + C_{en}^1 > C_{ex1}^2 + C_{ex2}^2 + C_{en}^2$，即：$TC^1 > TC^2$。因此，农机专业户的总交易成本大于农机专业合作社的总交易成本。

其次，比较农机专业户和农机作业服务公司的总交易成本。从前面的分析结果可以得到，农机专业户的外生交易成本Ⅱ和内生交易成本是低于农机作业服务公司的，即：$C_{ex2}^3 + C_{en}^3 > C_{ex2}^1 + C_{en}^1$。但是农机作业服务公司的外生交易成本Ⅰ是低于农机专业户的，即：$C_{ex1}^3 < C_{ex1}^1$。这里就涉及一个交易频率的问题，通常交易成本与交易频率成正比（罗必良，2010），农机产品市场的交易频率是远远小于农机作业市场的，外生交易成本Ⅰ可以认为是远远小于外生交易成本Ⅱ的。因此我们可以认为农机作业服务公司在外生交易成本Ⅰ上的优势远远小于农机专业户在外生交易成本Ⅱ上的优势，即：$C_{ex2}^3 - C_{ex2}^1 > C_{ex1}^1 - C_{e1}^3$，变形得到：$C_{ex1}^3 + C_{ex2}^3 > C_{ex1}^1 + C_{ex2}^1$，最终得到：$C_{ex1}^3 + C_{ex2}^3 + C_{en}^3 > C_{ex1}^1 + C_{ex2}^1$，即：$TC^3 > TC^1$。因此农机作业服务公司的总交易成本大于农机专业户的总交易成本。

最后，我们可以得到三类农业机械化服务主体的总交易成本关系：农机作业服务公司＞农机专业户＞农机农业合作社。农机作业服务公司的总交易成本最高，农机专业户次之，农机专业合作社最低，这在一定程度上解释了尽管农机作业服务公司在资金、技术、人才等方面拥有较大优势，但农机专业合作社也能够成为农业机械化服务主体的主力军，小规模的农机专业户也能够在农机作业市场上占据一席之地。各类农业机械化服务主体的交易成本比较如表2-2所示。

表2-2　　　　　各类农业机械化服务主体的交易成本比较

费用类型	比较关系
外生交易成本Ⅰ	农机专业户＞农机专业合作社＞农机作业服务公司
外生交易成本Ⅱ	农机作业服务公司＞农机专业户＞农机专业合作社
内生交易成本	农机作业服务公司＞农民专业合作社＞农机专业户
总交易成本	农机作业服务公司＞农机专业户＞农机专业合作社

第五节　小　　结

本章为我国粮食生产和农业机械化服务的现状分析，从粮食生产能力和粮食生产要素投入两个方面分析了我国粮食生产现状，从发展历程、整体态势和供给主体三个方面分析了我国农业机械化服务的基本现状。

第一节从粮食总产量、粮食播种面积和粮食单产水平三个方面来分析我国粮食生产能力的基本现状。改革开放以来，我国粮食总产量整体上呈现"上升—下降—再上升"的变化态势，粮食播种面积则呈现"先波动下降，后平稳上升"的基本态势，我国粮食单产水平整体上呈现上升趋势。另外，还从劳动力投入、机械投入、化肥投入等方面分析了我国粮食生产的要素投入情况，同时分析了粮食生产要素投入结构的变化。整体上看，我国粮食生产的机械投入和化肥投入呈增加趋势，劳动力用工量则呈下降趋势，但人工成本仍占粮食生产成本的主要部分。

第二节回顾了我国农业机械化服务的发展历程。40多年的农业机械化服务发展历程大致可以分为萌芽起步阶段（1978～1986年）、初步发展阶段（1987～1995年）、快速发展阶段（1996～2003年）、全面发展阶段（2004～2012年）和深化发展阶段（2013年至今）五个阶段。

第三节分析了我国农业机械化服务发展的总体态势。农业机械化服务发展的整体态势可以概括为三点：一是服务主体由多元化向组织化演变；二是服务内容由单项向综合化发展；三是服务形式呈现多样化格局。

第四节对农业机械化服务的供给主体进行了分析。首先分析了农机专业户、农机专业合作社、农机作业服务公司3种主要类型的农业机械化服务主体。然后运用交易成本理论，构建了一个交易费用的分析框架来比较3种农业机械化服务主体的制度优势。农机作业服务公司在农机产品市场上具有较强的信息收集能力、谈判能力和维权能力，因而农机作业服务公司在农机产品市场上的交易成本（外生交易成本Ⅰ）最低。农机作业合作社和农机专业户在农机作业市场上拥有明显的地缘优势，但是农机专业合作社的优势更强，且具备良好的信誉机制和作业服务实力，因而农机专业合作社在农机作业服务市场上的交易成本（外生交易成本Ⅱ）最低。农机专业户集决策者和执行者于一身，其内生交易成本最低。农机专业合作社的总交易成本最低，农机专业户次之，农机作业服务公司的总交易成本最高。相比农机作业服务公司，农机专业合作社和农机专业户在农机作业市场上具有一定的制度优势。

第三章

农业机械化服务对粮食生产影响的理论分析框架

前文分析了我国粮食生产和农业机械化服务的基本现状,本章将构建一个农业机械化服务对粮食生产影响的理论分析框架,为后文的实证研究奠定理论基础。具体而言,第一节将基于农户视角从理论层面阐释粮食生产对机械化服务需求与选择的内在逻辑,运用诱致性技术变迁理论和农户经济行为理论回答"种粮农户为什么会选择机械化服务"和"农户粮食生产机械化服务支出受哪些因素的影响"。第二节将从理论层面阐释农业机械化服务对粮食生产的影响机制,分别探讨农业机械化服务对粮食生产要素投入、粮食生产能力和粮食生产效率的影响机理,并提出相应的研究假说。

第一节 粮食生产对机械化服务需求与选择的理论分析:基于种粮农户视角

现阶段我国农业生产仍以小规模分散经营主体(孔祥智和穆娜娜,2018;郭庆海,2018),众多小农户依然是我国粮食生产的中坚力量(罗必良等,2018),因此分析粮食生产对机械化服务需求与选择的基本逻辑必须从种粮农户视角进行阐释。本节重点从理论层面阐释"种粮农户为什么会选择机械化服务"和"农户粮食生产机械化服务支出受哪些因素的影响"这两个问题。

一、种粮农户对机械化服务需求与选择的理论分析

机械作业需求是种粮农户选择机械化服务的基本前提（蔡键等，2017），因此有必要首先从理论上回答"种粮农户为什么会有机械作业需求"。

（一）要素相对价格变化与种粮农户的机械作业需求

根据诱致性技术变迁理论，当资源要素稀缺性变化引起要素相对价格发生变化时，在市场机制和价格信号的作用下，生产者会选择相对丰裕且价格低廉的要素替代稀缺且昂贵的要素（Hayami et al.，1971；林毅夫等，1990），同时节约使用相对稀缺要素的技术将得到广泛应用和推广（郑旭媛和徐志刚，2017）。部分学者运用诱致性技术变迁理论很好地解释了我国农业机械化发展历程（蔡键和唐忠，2016；郑旭媛和徐志刚，2017）。

随着我国城镇化进程的快速推进，大量农村劳动力流向城市和非农产业，农业劳动力就变得稀缺起来，从而助推了农业劳动力价格的上涨。与此同时，我国自2004年开始实施农机购置补贴政策，通过对购机主体进行财政补贴降低了农业机械的购置成本。机械技术又是一种节约劳动力的技术。农村劳动力转移和农机购置补贴的实施促使农业机械与劳动力的相对价格发生了变化（蔡键和刘文勇，2017），直接表现为劳动力与机械相对价格上涨。面对这种相对价格变化的市场信号，农业生产者的理性反应是使用机械作业替代人工作业，这种理性反应在粮食生产领域得到了直观的体现。正如表3-1所示，2004~2016年我国第一产业从业人员数从3.48亿人减少到了2.15亿人，与此同时稻谷、小麦和玉米三种主粮用工均价从14.47元上涨到了59.05元，三种主粮人工与机械的相对价格也从14.47元上涨到了46.53元。正如前文的理论分析，人工与机械相对价格的上涨会诱致种粮农户对机械作业的强烈需求，理性的种粮农户会选择使用机械替代人工作用，直接表现为粮食生产用工量的减少与粮食生产机械化水平的提高。2004~2016年，三种主粮每亩用工量从11.85日减少到了5.31日，而三种主粮机播水平从41.48%提高到了71.87%，机收水平从32.97%提高到了80.63%。人工与机械相对价格的持续上涨诱致了种粮农户的机械作业需求，推动了粮食生产机械化的发展。

表 3-1　　　　　　　要素相对价格变化与粮食生产机械化

年份	第一产业就业人员数（亿人）	三种主粮用工均价（元）	人工与机械的相对价格（元）	三种主粮每亩用工量（日）	三种主粮机播水平（%）	三种主粮机收水平（%）
2004	3.48	14.47	14.47	11.85	41.68	32.97
2005	3.34	15.85	15.50	11.39	43.69	35.69
2006	3.19	17.32	16.68	10.37	44.70	37.77
2007	3.07	18.42	17.44	9.65	48.04	41.79
2008	2.99	20.35	17.68	9.06	51.39	45.85
2009	2.89	23.40	20.15	8.35	56.46	50.50
2010	2.79	27.22	23.12	6.93	59.77	56.68
2011	2.66	32.76	26.59	6.79	63.22	61.68
2012	2.58	44.35	35.26	6.43	66.24	66.08
2013	2.42	51.94	41.09	6.17	68.75	70.90
2014	2.28	55.76	43.85	5.87	70.01	75.06
2015	2.19	57.65	45.43	5.61	72.37	78.41
2016	2.15	59.05	46.53	5.31	71.87	80.63

注：人工与机械的相对价格等于三种主粮用工均价除以农机具价格指数。三种主粮机播水平等于稻谷、小麦和玉米机播总面积除以播种总面积。三种主粮机收水平等于稻谷、小麦和玉米机收总面积除以播种总面积。相关数据分别来源于《中国统计年鉴》《全国农产品生产成本收益资料汇编》和《中国农业机械工业年鉴》。三种主粮用工均价和人工与机械的相对价格均折算为 2004 年的可比价格水平。

（二）机械化服务：种粮农户的理性选择

人工与机械相对价格的上涨诱致了种粮农户的机械作业需求。种粮农户通常可以通过两种方式实现机械化作业：一是自我购机作业，二是购买机械化服务（洪炜杰等，2017；谢琳等，2017）。那么种粮农户会选择哪种作业方式呢？学者们从不同角度探讨了农户机械化作业方式选择的行为逻辑。部分学者从成本角度进行了解读。例如杨进（2015）对比了互帮互助式、雇工、自我购机作业和购买机械化服务 4 种粮食生产方式的生产成本，认为选择机械化服务是种粮农户的帕累托最优选择。董欢（2017）认为规模主体选择何种方式实现机械化作业取决于购机作业与外包作业两种交易成本的比较。张宗毅和杜志雄（2018）则认为种粮农户通过比较自身机会成本、农机平均使用成本和机械服务市场价格，最终选择成本最小的方式进行粮食生产。还有部分学者认为农户是基于效用（收益）最大化的决策目标来选择作业方式（陈超和黄宏伟，2012；蔡键等，2017；张强强等，2018），通俗来讲，何种作业方式能够给农户带来最大效用（收益），农户就会选择该种作业方式。从成本最小化和效用（收益）最大化视角来解读农户作业方式选择的行为逻辑都有一定的合理性和适用性。事实上，农户的决策行为都是根据其自身条件和现实情形做出的理性选择。理性经济人通常以追求效用最大化为主要目标。因此，本书更加认同种粮农户是基于效用（收益）最大化的目标来进行作业方式的决策。

相比人工作业而言，机械化作业能够使部分劳动力从复杂的农业体力劳动中释放出来，但选择机械化服务的种粮农户需要支付一笔作业费用。购机农户需要支付购机费用，选择机械化服务的种粮农户则需要支付服务费用。农业机械需要与一定的土地经营规模或者作业规模相匹配（蔡键和唐忠，2016），因此，购置农机的种粮农户需要具备两个基础条件，一是具备购机能力，二是经营规模与机械作业能力相匹配。这种匹配可以从两个层面理解。一是农户的粮食种植规模与所购农机的作业能力相匹配，即农业机械完全可以自给自足，且不存在能力过剩。二是在作业能力过剩的情形下，正如第二章分析农机服务供给主体的形成机理中所谈到的，购机农户可以选择充当农机服务供给者角色，向其他农户提供机械服务以实现与作业能力相匹配的作业规模，既降低了农业机械的闲置成本，又通过获取服务收入加快资金回笼。种粮农户在选择作业方式时需要考虑两个问题：第一，相比人工作业而言，选择机械化服务能否提升家庭整体经济收益。第二，家庭是否具备购机能力，是否可以充分利用农机作业能力，购买农机具能否提升整个家庭的经济收益。我们有理由相信，理性的种粮农户会选择能够实现家庭收益最大化的作业方式。

事实上，昂贵的购机成本决定了大多数种粮农户不具备购机能力。另外，在小规模分散经营的现实国情下，即便是所有农户都具备购机能力，如果家家户户都购置农机具必然会出现农机装备的大量闲置，大大降低了农机装备的配置效率。小规模分散经营和购机能力不足，决定了不可能所有农户都通过购买农机实现机械化作业，购机能力不足的农户则通过购买服务的方式实现机械化作业，这也在现实情况中得到了应验。如图 3-1 所示，尽管国家自 2004 年开始实施了农机购置补贴政策，但 2004~2016 年农机户占乡村农户的比重只提高了 3 个百分点，农机户占乡村农户的比例基本上稳定在 12%~16%。与此同时，全国三种主粮作物亩均租赁机械作业费用则从 32.68 元提高到了 112.52 元。另外，部分学者通过微观调研数据也发现种粮农户主要通过购买服务来完成机械化作业（蔡键和刘文勇，2018）。

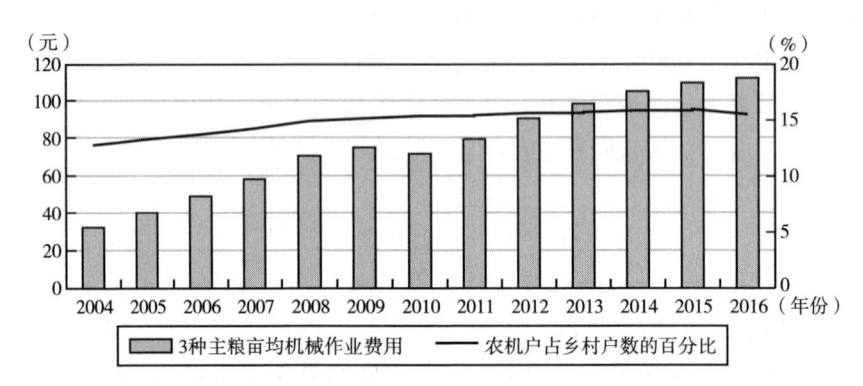

图 3-1　2004~2016 年农机户占乡村农户的比重与粮食每亩机械作业费用

注：农机作业费用利用农机具价格指数折算为 2004 年的可比价格水平。
资料来源：《中国农业年鉴》《中国农业机械工业年鉴》和《全国农产品成本资料汇编》。

假定种粮农户为理性经济人，以追求家庭经营利润最大化为目标，选择机械化服务是种粮农户根据家庭情况等既定条件作出的理性选择。当选择机械化服务能够提高家庭经营利润时（即种粮农户的预期经营利润增量大于0），农户才会选择购买机械化服务。为了更加直观地体现种粮农户机械化服务的决策机理，我们借鉴相关学者的研究成果（陈超和黄宏伟，2012；蔡键等，2017；张强强等，2018）构建种粮农户的决策函数，如下所示：

$$Z(R) = \begin{cases} 1, R = \Delta E(x_1, \cdots, x_n) - \Delta C(k_1, \cdots, k_m) > 0 \\ 0, R = \Delta E(x_1, \cdots, x_n) - \Delta C(k_1, \cdots, k_m) \leq 0 \end{cases} \quad (3-1)$$

式（3-1）中 R 表示种粮农户的预期经营利润增量，ΔE 表示种粮农户的预期收入增量，ΔC 表示种粮农户的预期经营成本增量。x 和 k 表示影响种粮农户经营收入和经营成本的各种变量；Z 表示种粮农户机械化服务选择行为。当种粮农户的预期经营利润增量大于 0 时（ΔE-ΔC>0），种粮农户就选择农业机械化服务（Z=1）；反之，当种粮农户的预期经营利润增量小于或等于 0 时（ΔE-ΔC≤0），种粮农户就不会选择农业机械化服务。不难看出，种粮是否选择机械化服务取决于影响预期经营收入和预期经营成本的各种变量（x 和 k），主要包括户主特征、家庭特征、政策因素和区域环境等，本书将在下一章对这些影响变量进行实证研究。

综上所述，劳动力与机械相对价格的上涨诱发了种粮农户对机械化作业的强烈需求，而农户选择农业机械化服务是根据自身条件和现实情景作出的理性抉择。本书将在第四章第一节实证研究种粮农户机械化服务选择的影响因素。

二、农户粮食生产机械化服务支出的理论分析

前文从理论层面回答了种粮农户为什么会选择机械化服务，并认为购买机械化服务是农户根据自身生产经营的现实条件作出的理性选择。接下来，本书将在农户生产决策理论框架下分析农户粮食生产机械化服务支出的影响因素。

假定种粮农户以追求家庭利润最大化为目标，农户的家庭劳动力禀赋为 L，从事农业生产和非农工作的劳动力分别为 L_a 和 L_n，农业劳动力中参与粮食生产和非粮食生产的劳动力分别为 L_1 和 L_2。农户的农作物种植面积为 A，其中粮食种植面积和非粮食种植面积分别为 A_1 和 A_2。非农就业的工资水平为 w。S 为农户购买机械化服务的实际支出，其中 S_1 为粮食作物生产的机械化服务支出，其中 S_2 为非粮食作物生产的机械化服务支出。I_1 为农户种粮经营收入，其函数形式为 $f_1(L_1, A_1, S_1)$；I_2 为农户种植非粮食作物的经营收入，其函数形式为 $f_2(L_2, A_2, S_2)$，I_n 表示农户家庭非农总收入。C 表示购买机械化服务的交易成本，C 受农户所在区域的农业机械化服务供给水平的影响，其函数形式可以表达为 $C = f_3(Mc)$，Mc 为农业机械化服务的供给水平。基于成本收益理论，借鉴纪月清和钟甫宁（2013）的理论框架可以构建农户生产决策模型：

$$\max I = I_1 + I_2 + I_n - S - C \quad (3-2)$$

$$I_1 = f_1(L_1, A_1, S_1) \quad (3-3)$$

$$I_2 = f_2(L_2, A_2, S_2) \quad (3-4)$$

$$I_n = wL_n \quad (3-5)$$

$$L = L_a + L_n \quad (3-6)$$

$$L_a = L_1 + L_2 \quad (3-7)$$

$$A = A_1 + A_2 \quad (3-8)$$

$$M = M_1 + M_2 \quad (3-9)$$

$$C = f_3(Mc) \quad (3-10)$$

综合式（3-1）~式（3-10），可以得到：

$$\max I = f_1(L_1, A_1, S_1) + f_2(L_2, A_2, S_2) + wL_n - S - C \quad (3-11)$$

为了方便处理，可以假设农业劳动力、农作物种植面积和机械化服务支出在粮食作物的配置系数为 k，k 可以理解为粮食种植面积占农作物种植面积的比重：

$$A_1 = kA \quad (3-12)$$

$$L_1 = kL \quad (3-13)$$

$$S_1 = kS \quad (3-14)$$

求解以上优化决策方程，可以得到农户粮食生产的最优机械化服务支出，如下所示：

$$S^* = g(L_a, A_1, I_n, k, Mc) \quad (3-15)$$

从式（3-15）中不难看出，农户粮食机械化服务支出主要受家庭农业劳动力、粮食种植面积、家庭非农总收入、粮食种植比重和农业机械化服务供给水平的综合影响。

种粮农户通过购买农业机械化服务来实现机械作业对人力的替代，农业劳动力与农业机械化服务之间存在一种替代关系。如果家庭农业劳动力越富余，农户越倾向于在粮食生产环节使用人工作业，减少对农业机械化服务的购买量。反之，如果家庭农业劳动力越匮乏，种粮农户越倾向于在粮食生产环节购买更多的农业机械化服务。农户粮食种植规模越大，越容易在粮食生产环节面临劳动力的约束，从而越倾向于增加农业机械化服务的购买量。此外，农户粮食种植规模越大，越有利于分摊单位面积的农机作业服务成本。农户非农收入越高，一方面意味着农户购买农业机械化服务的支付能力越强；另一方面意味着农户从事农业生产的机会成本越高，农户越倾向于将更多的劳动力和劳动力时间配置在非农部门，从而驱使理性的农户通过增加农业机械化服务购买量来替代劳动力。粮食播种面积比重体现的是粮食生产专业化程度，粮食生产专业化程度越高，意味着种粮农户对农业机械化服务的需求越强烈。区域农业机械化服务的供给水平越高，意味着区域内农业机械化服务的可获得性越强，农户购买农业机械化服务的交易成本越低，农户越倾向于增加购买农业机械化服务。因此，本书提出研究假说 H（3-1）：

农户粮食种植面积、农机家庭非农总收入、粮食种植比重和区域农业机械化服务的供给水平对农户粮食生产机械化服务支出具有正向作用，而农户家庭农业劳动力对粮食生产机械化服务支出有负向影响。

第二节 农业机械化服务对粮食生产的影响机制

前文从种粮农户视角出发阐释了粮食生产对农业机械化服务需求与选择的理论逻辑，那么农业机械化服务对粮食生产造成何种影响？本书将从粮食生产要素投入、粮食生产能力和粮食生产效率三个方面来厘清农业机械化服务对粮食生产的影响机制。

一、农业机械化服务对粮食生产要素投入的影响机理

种粮农户通过购买机械化服务，以低成本方式实现机械化作业，农业机械化服务可以理解为机械要素投入的一种方式。大量文献研究发现，农业机械与劳动力和化肥存在明显的替代关系，这意味着农业机械化服务可以通过机械与其他要素之间的替代机制来影响粮食生产要素投入结构。如何配置农业生产要素投入是农户根据自身实际情况作出的理性抉择，研究农业机械化服务对粮食生产要素投入的影响应在农户经济行为分析框架下展开。需要说明的是，由于农户在粮食生产环节的劳动力总投入、机械总投入和化肥总投入通常与粮食种植规模大致匹配，所以本书重点考察农业机械化服务对每亩劳动力投入、每亩机械投入和每亩化肥投入的影响。

为了简化分析，本书借鉴郑旭媛等（2017）的思路，假设农户的农业生产以粮食生产为主，不考虑非粮食作物。假定农户为理性经济人，以追求家庭经营利润最大化为目标。Q 为农户粮食产量，Pq 为粮食市场销售价格，A 表示农户粮食种植面积，M、L 和 F 分别表示粮食生产每亩机械投入、劳动力投入和每亩化肥投入，Pl 和 Pf 分别表示劳动力价格和化肥价格。Cm 表示农户购买机械化服务的交易成本，Cm 在一定程度上受到区域农业机械化服务供给水平 Sc 的影响。C 为农户粮食生产的总成本（包括农户购买机械化服务的交易成本）。I_n 表示农户的非农经营收入，事实上农户非农经营收入的提高促进了农业劳动力价格的上涨，换言之，粮食生产劳动力价格可以表达为含有农户非农经营收入的函数表达式，这意味着农户非农经营收入也可以用

含有劳动力价格的函数来表达，且两个函数互为反函数。农户非农经营收入可以表示为 $I_n = g(Pl)$。根据农户经营利润最大化目标，同时借鉴吴伟伟等（2017）的思路可构建种粮农户生产目标决策模型如下：

$$\max I = Q \cdot Pq + I_n - C \qquad (3-16)$$

$$Q = f(HL, HM, HF, A) \qquad (3-17)$$

$$HL = A \cdot L \qquad (3-18)$$

$$HM = A \cdot M \qquad (3-19)$$

$$HF = A \cdot F \qquad (3-20)$$

$$Q = f(A \cdot L, A \cdot M, A \cdot F, A) \qquad (3-21)$$

$$C = Cm + A \times (Pl \cdot L + Pf \cdot F + M) \qquad (3-22)$$

$$Cm = k(Sc) \qquad (3-23)$$

$$I_n = g(Pl) \qquad (3-24)$$

$$\max I = f(A \cdot L, A \cdot M, A \cdot F, A) \times P_Q + g(Pl) - Cm - A(Pl \cdot L + Pf \cdot F + M) \qquad (3-25)$$

求解以上优化决策方程，可以得到农户粮食生产的最优每亩机械投入、每亩劳动力投入和每亩化肥投入的方程组如下：

$$\begin{cases} M^* = g(Sc, Pl, Pf, Pq, A) \\ L^* = g(Sc, Pl, Pf, Pq, A) \\ F^* = g(Sc, Pl, Pf, Pq, A) \end{cases} \qquad (3-26)$$

由式（3-26）可知，亩均粮食生产机械投入、劳动力投入和化肥投入主要由区域农业机械化服务供给水平、劳动力价格、化肥价格、上一期粮食销售价格和粮食种植规模决定。

面对劳动力价格上涨，种粮农户的理性反应是增加机械投入替代劳动力（郑旭媛等，2017）。事实上，众多小农户都是通过购买农业机械化服务来实现机械化生产。因此，获取机械化服务的难易程度也影响种粮农户能否实现机械对劳动的有效替代。农业机械化服务的发展提高了农户获取机械化服务的便利程度，降低了农户获取机械化服务的交易成本。区域农业机械化服务的供给水平越高，农户购买机械化服务越便利，越倾向于增加农业机械作业费用。在粮食生产过程中机械与劳动力呈现明显的替代关系（吴丽丽等，2016），农业机械化服务的发展在一定程度上也增强了机械对劳动力的替代作用（胡雪枝等，2012）。区域农业机械化服务的供给水平越高，种粮农户越容易通过购买机械化服务来替代人工作业，从而越倾向于减少粮食生产的用工投入量。部分学者认为在粮食生产中机械与化肥呈现一定的替代关系（刘英基，2017），因此区域农业机械化服务的供给水平在一定程度上影响着机械替代化肥的难易程度。区域农业机械化服务的供给水平越高，种粮农户越容易实现机械对化肥的替代，从而越倾向于减少粮食生产的化肥使用量。综上所述，本书提出研究假设 H（3-2）：

农业机械化服务的供给水平对粮食生产机械投入具有正向影响，对粮食生产用工投入量和化肥使用量具有负向影响。

根据诱致性技术变迁理论，要素相对价格发生变化时，理性的生产者会选择丰富且价格相对低廉的生产要素来替代昂贵且稀缺的生产要素。在粮食生产领域，劳动力价格的上涨会促使理性的农户选择减少人工投入，增加机械和化肥的投入。为检验诱致性技术变迁理论在粮食生产领域的适用性，本书提出研究假设 H（3-3）：

劳动力价格对粮食生产人工投入量具有负向影响，对粮食生产机械投入量和化肥投入量具有正向影响。

二、农业机械化服务对粮食生产能力的影响机理

种粮农户将生产环节外包给专业的服务进行机械化作业，既以低成本方式实现机械化生产，又卷入了农业分工经济。与传统的自给自足经营、雇工经营的农业生产模式相比，具有分工性质的机械化服务模式可以视为农业经营方式的创新。那么，这种经营模式的创新能否提高粮食生产能力？这一问题既需要理论阐释，也需要实证检验。农业机械化服务是粮食生产机械要素投入的新方式，同时也具有社会化分工的性质。阐释农业机械化服务对粮食生产能力的作用机制，不仅需要涉及农业机械化对粮食生产能力的影响，更需要从分工的角度来重点探讨农业机械化服务对粮食生产能力的提升机制。

上文提到农业机械化服务会影响粮食生产的要素投入结构，即农业机械化服务的要素重配效应。这种要素重配效应的一个最直观体现是农业机械化服务使种粮农户以低成本的方式实现机械对人工的有效替代，即劳动力替代效应。从农村流向城市和非农产业的劳动力以青壮年为主，这意味着农村劳动力转移既会导致农业劳动力数量的短缺，也会造成农业劳动力质量的下降。大量青壮年劳动力从农村流向城市，导致农村留守人口以妇女、老人和小孩

为主，与此同时，农业劳动力也呈现老龄化和女性化。老人和妇女对农业体力劳动的胜任程度不如青壮年男性，因此劳动力女性化和老龄化势必降低粮食生产人工作业的作业质量。与人工作业相比，机械作业的标准化程度较高，在劳动力质量下降的情形下，通过机械对人工的替代能够保障粮食生产的作业质量（孙顶强等，2016），弥补了劳动力转移导致的粮食生产能力空缺（彭代彦，2005；张宗毅等，2014；伍骏骞等，2017），进而保障粮食生产能力。种粮农户通过购买机械化服务实现机械对人工的替代，能够弥补劳动力数量短缺和质量下降对粮食生产的负面影响，保证粮食生产的作业质量和生产能力。

除了劳动力替代效应，农业机械化服务对粮食生产的影响还存在技术引入效应。这种技术引入效应可以从两个方面来理解，一是农业机械化服务推动了机械技术的应用。诸多研究表明，服务外包是大多数种粮农户实现机械化作业的主要方式。农业机械化服务使众多小农户以低成本方式实现机械化作业，推进了农业机械化进程。机械技术本身就具有粮食增产效应，在耕整地环节，大型机械通过深松、深耕等作业，增强了土壤有机质含量，提高了土壤蓄水保墒能力，有利于粮食作物的生长和增产（王欧等，2016；刘超等，2018）。在播种环节，机械播种能够有效保证播种量、播种深度和植株行间距的精准性，使播种更为科学合理，进而促进粮食增产（刘红和何蒲明，2014）。彭澧丽等（2011）的研究表明，水稻机插秧比人工插秧的亩产量高10%～20%。在收获环节，相比人工收割而言，机械联合收割技术能够大大减少粮食在收割环节的损失和浪费（伍骏骞等，2017）。另外，农业机械化服务有利于提高机械作业的质量。亚当·斯密认为，劳动者技能的提升是分工提高生产率的一个重要原因。种粮农户将机械作业环节外包给专业化的服务组织，农业机械化服务组织的作业技术和服务能力也在不断提高，从而促进了农机作业质量的提升。曹芳芳等（2018）的研究表明，机手的熟练水平能有效降低小麦收割的损失。二是农业机械化服务能够促进其他先进生产技术的应用。随着农业机械化服务市场的成熟发展，农业机械化服务组织不仅仅只是向种粮农户提供服务，也开始向农户提供技术咨询等生产性服务。农业机械化服务能够推动种粮农户向农业机械化服务组织等学习先进的种植技术、种植经验（张忠军和易中懿，2015），进而促进先进生产技术在粮食生产方面的广泛应用。因此，农业机械化服务还可以引入先进技术来促进粮食增产。

当然，农业机械化服务也可能会导致粮食减产。种粮农户向农业机械服务组织购买农业机械化服务，种粮农户与农业机械化服务组织就形成了雇佣关系。这种雇佣关系下进行的作业活动存在道德风险。例如，在田间管理、施肥施药等环节，机械化作业的效果不容易识别，作业质量的监督门槛较高（孙顶强等，2016），农业机械化服务组织可能会偷工减料，引发道德风险，继而降低农机作业质量，造成粮食减产。

综上所述，农业机械化服务对粮食生产能力的影响机理可以归纳如图3-2所示。农业机械化服务能否提高粮食生产能力还需要实证检验，本书的第六章将针对这一命题进行实证检验。

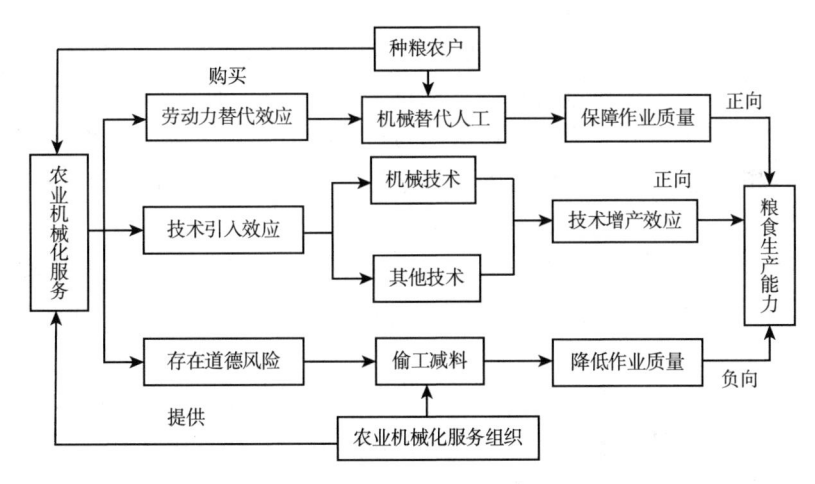

图3-2 农业机械化服务对粮食生产能力的作用机制示意

三、农业机械化服务对粮食生产效率的影响机理

亚当·斯密在《国富论》中系统阐释了分工提高生产率的理论逻辑，并指出农业生产力低于制造业的一个重要原因在于农业生产不能像制造业一样采用精密的分工制度。现代农业生产技术的发展与进步增强了农业生产环节的可分性和可交易性（罗必良等，2017），一个典型的例子就是农户将生产环节外包给专业化的服务组织进行机械作业，在农业生产环节实现社会化分工（刘强等，2017），使农户也卷入了分工经济。那么具有分工性质的农业机械化服务是否能够提高粮食生产效率？回答这一问题首先需要厘清农业机械化服务对粮食生产效率的作用机理。

粮食生产效率的本质是粮食生产要素投入与产出的匹配程度，这意味着提升粮食生产效率可以通过两种途径实现，一是在既定产量条件下节约粮食生产成本，二是在既定成本投入下提高粮食产量。

具有社会化分工性质的农业机械化服务粮食生产效率的提升作用主要体现在两个方面，一是要素重配效应，即农业机械化服务会改变粮食生产要素投入结构，存在降低人工投入和化肥投入的可能。诸多研究表明，化肥投入过量与人工成本居高不下是我国粮食生产成本过高的重要原因（张晓恒等，2017；徐志刚等，2018）。按照提升粮食生产效率的第一条路径，如果农业机械化服务能够有效降低粮食生产成本，也就存在提高粮食生产效率的可能性。农户通过购买机械化服务以低成本的方式进行机械化作业，促进机械对昂贵且稀缺的人工进行有效替代，有助于降低粮食生产成本。另外，农业机械化服务可能通过机械与化肥的要素替代机制降低化肥使用量，降低粮食生产成本。农业机械化服务通过改变粮食生产要素投入结构，发挥其要素重配效应，实现机械对人工和化肥的有效替代，降低粮食生产成本，为提升农业生产效率创造更多可能性。

按照提升粮食生产效率的第二条路径，如果农业机械化服务能够有效提高粮食生产能力，也就存在提高粮食生产效率的可能性。正如前文所提到的农业机械化服务的技术引入效应会提高粮食生产能力，农业机械化服务对提升粮食生产效率的第二个方面就体现在技术引入效应，即在粮食生产环节引入先进技术来提高粮食生产能力。专业化的服务组织在进行作业环节时势必会运用先进高效的农业生产技术，新技术以农业机械化服务为载体广泛应用于农业生产各个环节（胡祎和张正河，2018），推进了农业生产的标准化和规范化，提高了作业质量和粮食单产水平，进而有助于提升粮食生产效率。

当然，农业机械化服务也存在降低粮食生产效率的可能。正如前文提到的难以对施肥、施药等田间管理环节的机械作业质量进行有效监督（孙顶强等，2016），农业机械化服务可能存在道德风险，农业机械化服务组织可能会偷工减料，降低作业质量，导致粮食减产，进而对粮食生产效率造成负向影响。

综上所述，农业机械化服务对粮食生产作用机制可以归纳为图3-3。那么，农业机械化服务能否提升粮食生产效率还需要实证检验，本书的第七章将对这一命题进行实证分析。

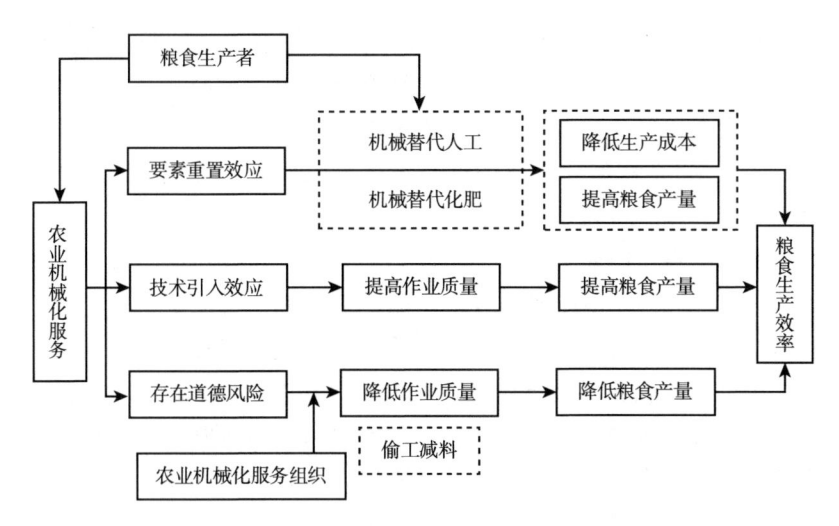

图 3-3　农业机械化服务对粮食生产效率的作用机制示意

第三节　小　　结

本章主要围绕"粮食生产为什么需要农业机械化服务"和"农业机械化服务又会如何影响粮食生产"这两个问题构建了农业机械化服务对粮食生产影响的理论分析框架，为后文的实证研究提供了理论支撑。

本章第一节从种粮农户视角阐释了粮食生产对农业机械化服务需求与选择的理论逻辑。首先，运用诱致性技术变迁理论和农户经济行为理论回答"种粮农户为什么会选择农业机械化服务"，劳动力与机械的相对价格变化诱致了种粮农户的机械作业需求，农户选择农业机械化服务是根据自身条件和现实情景作出的理性抉择，即农业机械化服务能够提高家庭经营利润时种粮农户才会选择农业机械化服务。其次，通过构建农户决策理论模型探讨了农户粮食生产机械化服务支出的影响因素，即从理论层面回答"农户粮食生产机械化服务支出受哪些因素的影响"，并提出研究假说 H（3-1）：农户粮食种植面积、农机家庭非农总收入、粮食种植比重和区域农业机械化服务水平对农户粮食生产机械化服务支出具有正向作用，而农户家庭农业劳动力对粮食生产机械化服务支出有负向影响。

本章第二节从粮食生产要素投入、粮食生产能力和粮食生产效率三个方面系统阐释农业机械化服务对粮食生产的作用机制，即从理论层面回答"农业机械化服务会如何影响粮食生产"。首先，运用农户经济行为理论构建了种粮农户生产要素投入的决策模型，并结合交易成本理论和诱致性技术变迁理论阐释了农业机械化服务对粮食生产要素投入的作用机制，并提出研究假设 H（3-2）：农业机械化服务的供给水平对粮食生产机械投入具有正向影响，对粮食生产用工投入量和化肥使用量具有负向影响。其次，阐释了农业机械化服务对粮食生产能力的作用机制。一方面，农业机械化服务能够弥补劳动力数量短缺和质量下降对粮食生产的负面影响，可以引入先进技术来促进粮食增产，即通过劳动力替代效应和技术引入效应来提升生产能力。另一方面，农业机械化服务可能会出现道德风险，存在降低粮食生产能力的可能。最后，分析了农业机械化服务对粮食生产效率的作用机制。农业机械化服务会改变粮食生产要素投入结构，通过机械对人工和化肥的替代降低粮食生产成本，即可能通过要素重配效应提升粮食生产效率。农业机械化服务业也推进了先进生产技术在粮食生产环节的广泛应用，有助于提高作业质量和粮食生产能力，即可能通过技术引入效应提高粮食生产效率。农业机械化服务也可能存在道德风险，通过降低粮食生产能力和作业质量，造成粮食生产效率的损失。

第四章

农户对粮食生产机械化服务选择的实证研究：微观证据与宏观识别

按照上一章的理论分析框架，本章旨在从微观农户视角和宏观层面实证研究农户对粮食生产机械化服务的选择行为。具体而言：第一，利用 CLDS2014 的农户调研数据从微观层面考察种粮农户选择机械化服务的影响因素，即回答"种粮农户是否选择机械化服务受哪些因素的影响"；第二，利用全国省级面板数据和湖北县级面板数据从宏观层面分析农户粮食生产机械化服务支出的时空演变与驱动因素，即回答"农户粮食生产机械化服务支出金额大小受哪些因素的影响"。

第一节 种粮农户选择机械化服务的影响因素研究
——来自 CLDS2014 的证据

一、数据来源与样本描述

中国劳动力动态调查（china labor-force dynamics survey，CLDS）是一项由中山大学社会科学调查研究中心负责实施的跨学科大型追踪调查项目。CLDS 数据调查覆盖议题广泛、代表层次多样、抽样设计科学，调查内容涵盖劳动力现状与变迁、家庭生产与消费、家庭财产与收入、基层组织等诸多议题，样本覆盖中国 29 个省（区市），样本规模为 401 个村居、14214 户家庭、23594 个个体，拥有劳动力个体、家庭和社区三个层次的追踪和横截面数据，是国内研究农户经济行为最具代表性的微观数据库之一。CLDS 已完成 2011 年广东省试调查、2012 年全国基线调查和 2014 年、2016 年追踪调查。目前，CLDS2014 数据于 2017 年 1 月向学术界开放；CLDS2016 数据仅对中山大学师生开放，尚未对学术界全面开放。[①]

由于 CLDS 是国内为数不多的含有农户粮食生产机械化服务相关信息的公开微观调查数据库之一，且目前 CLDS 最新的公开数据是 2014 年的调查数据。因此，本书选择 CLDS2014 的家庭样本来实证研究种粮农户选择机械化服务的影响因素。笔者通过数据筛选，剔除了城市家庭样本、不从事粮食生产以及部分信息存在缺失的农村家庭样本，最终得到了 2817 户种粮农户的基本信息。表 4-1 显示了 2817 户种粮农户的地域分布，不难发现，经过筛选后样本分布于全国 25 个省（区市），这表明样本覆盖面广，具有一定的研究价值。需要说明的是，CLDS2014 的调查问卷中涉及粮食生产机械化服务的主要有两个问题，一是粮食生产的耕作方式（见表 4-2）；二是机械化耕种的工具来源（见表 4-3）。陈奕山等（2017）对土地流转中的零租金问题进行了深入剖析，并指出人情也是一种土地租金的表现形式。同样，在农业机械化服务市场也存在着人情租金的情形。因此，本书将表 4-3 中粮食生产机械化耕种的工具来源中的"全部租用别人或某公司的""借用他人或集体""部分自家拥有，部分租用或借用"都归纳为"选取农业机械化服务"，其他归纳为"不选择农业机械化服务"。

表 4-1　　　　　　　　CLDS2014 中种粮农户的地域分布

地区	样本数	占比（%）	地区	样本数	占比（%）
河北	158	5.61	湖北	104	3.69
山西	105	3.73	湖南	75	2.66
内蒙古自治区	22	0.78	广东	225	7.99
辽宁	183	6.50	广西壮族自治区	175	6.21
吉林	81	2.88	重庆	20	0.71
黑龙江	77	2.73	四川	68	2.41
江苏	113	4.01	贵州	45	1.60
浙江	12	0.43	云南	96	3.41
安徽	150	5.32	陕西	212	7.53

① 资料来源：中山大学国家治理研究院网站.

续表

地区	样本数	占比（%）	地区	样本数	占比（%）
福建	58	2.06	甘肃	338	12.00
江西	60	2.13	宁夏回族自治区	50	1.77
山东	119	4.22	新疆维吾尔自治区	26	0.92
河南	245	8.70	总计	2817	100.00

表4-2　　　　　CLDS2014中种粮农户的农田耕作方式

粮食生产的农田耕作方式	样本数	占比（%）
全机械化	568	20.16
半机械化	1258	44.66
传统农耕	991	35.18
总计	2817	100.00

表4-3　　　　　CLDS2014中种粮农户机械化耕种的工具来源

粮食生产机械化耕种的工具来源	样本数	占比（%）
选择农业机械化服务	1395	76.39
全部租用别人或某公司的	1020	55.86
借用他人或集体	203	11.12
部分自家拥有，部分租用或借用	172	9.42
全部自家购买	397	21.74
和别人共同购买	15	0.82
部分自家拥有，部分和别人共同拥有	11	0.60
其他	8	0.44
合计（不重复计算选择农业机械化服务）	1826	100.00

由表4-2可知，2817户种粮农户选择全机械化耕种的有568户，选择半机械化的有1258户，选择传统农耕的991户，分别占总样本的20.16%、40.66%和35.18%。不难看出超过60%的种粮农户选择机械化耕种方式。由表4-3可知，在选择机械化耕种方式的1826户样本中，有1395户种粮农户选择通过农业机械化服务来实现机械化耕种，占选择机械化耕种方式样本的76.39%，占总样本的49.52%。

二、模型设计与变量选择

(一) 模型设计

本节旨在考察种粮农户机械化服务选择行为的影响因素，而种粮农户的选择行为可以分为"选择机械化服务"和"不选择机械化服务"。对于此类二分法因变量，通常采用二元 Logistic 回归分析法来进行实证研究，本书构建的 Logistic 回归模型如下所示：

$$\ln\left[\frac{P(Z_1)}{1-P(Z_1)}\right] = \alpha + \sum \beta_k X_k + u \qquad (4-1)$$

式 (4-1) 中，$P(Z_1)$ 表示种粮农户选择机械化服务的概率，X_k 为第 k 个种粮农户机械化服务选择行为的影响因素，α 和 β 为估计系数，u 为随机干扰项。

(二) 变量说明

综上所述，"种粮农户是否选择机械化服务"是计量模型的被解释变量，本书参考学者们的相关研究，选取了种粮农户户主特征、农户家庭特征、政策因素和村庄环境特征等方面的变量作为解释变量。各解释变量的说明和描述性统计如表4-4所示。

表4-4　　　各变量的说明与描述性统计（样本量：2817）

变量类型	变量	均值	最小值	最大值
因变量	是否选择农业机械化服务（是=1；否=0）	0.50	0	1.00
户主特征	家中主事者的年龄（单位：年）	52.46	14.00	106.00
	家中主事者受教育程度（单位：年）	0.89	0	1.00
	家中主事者的性别（男=1；女=0）	7.21	0	16.00
家庭特征	从事农业生产人数（单位：人）	1.82	0	11.00
	耕地面积（单位：亩）	7.50	0	350.00
	是否拥有农机具（是=1；否=0）	0.22	0	1.00
	家庭非农收入（单位：元）	21170.59	0	730000.00
政策因素	粮食补贴金额（单位：元）	479.45	0	30000.00
村庄特征	所在村庄距离最近乡镇政府的距离（单位：km）	5.22	0	28.00
	村庄地势（平原=1；丘陵=2；山区=3）	1.81	1.00	3.00

(1)户主特征。户主通常充当家庭决策者,因此其基本特征可能会影响到整个家庭的决策行为(张强强等,2018)。户主特征主要包括户主年龄、户主受教育程度和户主性别等信息。户主年龄越大越不能胜任繁重的农业体力劳动,越倾向于选择农业机械化服务(申红芳等,2015;钱静斐等,2017)。户主受教育程度越高,越容易接受先进的农业生产方式,从而越倾向于选择农业机械化服务(翁贞林等,2018)。相比男性户主而言,女性户主在农业体力劳动上处于劣势,因而更加倾向于选择农业机械化服务(陈超和黄宏伟,2012)。本书使用 CLDS2014 中的"家中主事者的年龄""家中主事者的受教育程度"和"家中主事者的性别"体现户主特征作为解释变量。需要说明的是,本书按照"未上过学 = 0,小学/私塾 = 6,初中 = 9,高中/职业高中/技校/中专 = 12,大专 = 15,大学 = 16,硕士 = 19,博士 = 22"的标准,换算得到户主的受教育年限。

(2)家庭特征。选择农业机械化服务是农户根据自身条件作出的理性抉择(陈超和黄宏伟,2012),因此家庭特征也会影响种粮农户的决策行为。农户家庭特征包括劳动力特征、资产特征以及收入特征等信息。种粮农户通过选择机械化服务来实现机械对人工的替代,因此农业劳动力越充裕的家庭,越不倾向于选择机械化服务(宋海英和姜长云,2015;李龙峰等,2018)。陈昭玖和胡雯(2016)的研究表明,土地经营规模与农户机械化服务选择行为呈现倒"U"型关系。农机具是农户重要的生产性固定资产,拥有农机具的农户可以通过自我服务来满足机械化作业需求(段培等,2017)。农户非农收入越高,其从事农业生产的机会成本越大,从而越倾向于选择机械化服务(胡新艳等,2016)。因此本书选择"从事农业生产人数""耕地面积""是否拥有农机具"和"家庭非农收入"来体现农户家庭特征作为解释变量。需要说明的是,CLDS2014 并没有"是否拥有农机具"和"家庭非农收入"的直接信息。因此,本书将"拥有拖拉机"和"拥有大型农机具"均视为"拥有农机具",同时将农户的"工资性收入""非农经营收入"和"财产性收入"三项加总视为"家庭非农收入"。

(3)政策因素。种粮农户是粮食补贴的直接受益对象,粮食补贴降低了农户的种粮成本,增强农户对机械化服务的购买能力。因此,本书使用"粮食补贴金额"来体现政策因素作为因变量。

(4)村庄特征。村庄特征也会影响到种粮农户的决策行为。村庄离乡镇中心越近,农户越容易接收到机械化服务的相关信息(宋海英和姜长云,2015;张强强等,2018)。地形越平坦,越方便大型农机展开作业(陈昭玖和胡雯，2016；翁贞林等，2018）；而复杂的地形条件会增加农机作业难度和农机服务成本（周晶等，2013），抑制农户机械化服务外包行为（李琴等，2017）。因此，本书选择"所在村庄距离最近乡镇政府的距离"和"村庄地势"来体现村庄特征作为因变量。

三、实证结果分析与讨论

基于前文设定的计量模型和CLDS2014的相关数据，本书借助Stata12.0软件来实证考察种粮农户选择机械化服务的影响因素，估计结果如表4-5所示。需要说明的是，本书对家庭非农收入和粮食补贴金额进行了对数化处理。方程（4-1）和方程（4-2）为Logistic回归结果，方程（4-3）和方程（4-4）为Probit回归结果，其中方程（4-2）和方程（4-4）剔除了部分不显著的解释变量。通过对比方程（4-1）~方程（4-4）的估计结果，不难发现各变量的符号和显著性均没有明显变化，可以认为估计结果是稳健的。另外通过VIF检验发现，方程（4-1）~方程（4-4）中各变量的VIF值均小于10，可以认为不存在严重的多重共线性。

表4-5 种粮农户选择机械化服务的影响因素回归结果

解释变量	方程（4-1）Logistic 回归	方程（4-2）Logistic 回归	方程（4-3）Probit 回归	方程（4-4）Probit 回归
主事者年龄	0.0018 (0.0042)	—	0.0012 (0.0025)	—
主事者性别	-0.0604 (0.1423)	—	-0.0327 (0.0848)	—
主事者受教育程度	0.0312** (0.0145)	0.0282** (0.0135)	0.0194** (0.0086)	0.0175** (0.0080)
从事农业生产人数	-0.1119** (0.0528)	-0.1125** (0.0525)	-0.0651** (0.0310)	-0.0650** (0.0308)
耕地面积	0.0199** (0.0079)	0.0197** (0.0079)	0.0124*** (0.0047)	0.0123*** (0.0047)
耕地面积的二次项	-0.0001* (0.0001)	-0.0001* (0.0001)	-0.0001* (0.0000)	-0.0001* (0.0000)

第四章　农户对粮食生产机械化服务选择的实证研究：微观证据与宏观识别

续表

解释变量	方程（4-1）Logistic 回归	方程（4-2）Logistic 回归	方程（4-3）Probit 回归	方程（4-4）Probit 回归
是否拥有农机具	-0.9199 *** (0.1146)	-0.9262 *** (0.1140)	-0.5410 *** (0.0675)	-0.5452 *** (0.0671)
家庭非农收入（对数值）	0.0299 *** (0.0086)	0.0297 *** (0.0086)	0.0179 *** (0.0051)	0.0177 *** (0.0051)
粮食补贴金额（对数值）	0.1618 *** (0.0174)	0.1624 *** (0.0174)	0.0949 *** (0.0102)	0.0953 *** (0.0102)
本村距离最近乡镇政府的距离	-0.0459 *** (0.0110)	-0.0460 *** (0.0110)	-0.0284 *** (0.0066)	-0.0284 *** (0.0066)
地势（以平原为对照组）				
丘陵	-1.0526 *** (0.1062)	-1.0498 *** (0.1059)	-0.6401 *** (0.0644)	-0.6380 *** (0.0643)
山区	-1.9789 *** (0.1107)	-1.9825 *** (0.1105)	-1.1966 *** (0.0647)	-1.1988 *** (0.0646)
常数项	0.1080 (0.3172)	0.1738 (0.1818)	0.0607 (0.1888)	-0.1122 (0.1085)
样本量	2817	2817	2817	2817
VIF 值区间	[1.05, 3.09]	[1.03, 3.07]	[1.05, 3.09]	[1.03, 3.07]

注：括号内的值为标准误；*、** 和 *** 分别表示10%、5%和1%显著性水平。

由方程（4-1）的估计结果可知，家庭户主特征变量中通过显著性检验的仅有家庭主事者受教育程度，主事者的年龄和性别对选择机械化服务没有显著影响。以方程（4-1）的估计结果为例，家庭主事者受教育程度的估计系数为0.0312，且通过了5%水平的显著性检验。这表明家庭主事者受教育程度越高，农户在粮食生产环节选择机械化服务的概率越大。

农户家庭特征变量中通过显著性检验的有从事农业生产人数、耕地面积、耕地面积二次项、是否拥有农机具和家庭非农收入。以方程（4-1）的估计结果为例，从事农业生产人数的估计系数为-0.1119，且通过了5%水平的显著性检验，这意味着从事农业生产的人数越多，农户越倾向于在粮食生产环节使用人工作业（曾雅婷等，2017），因此使用农业机械化服务的概率越低（宋海英和姜长云，2015；申红芳等，2015），这也与蔡键等（2017）的研究发现一致。耕地面积和耕地面积二次项的估计系数均为正，且分别通过了5%和10%统计水平的显著性检验。这表明种粮农户机械化服务选择行为与耕地面积之间呈现倒"U"型关系，这也与陈昭玖和胡雯（2016）的结论基本一致。是否拥有农机具虚拟变量的估计系数为 -0.9199，且通过了1%水平的显著性检验。这说明拥有农机具的种粮农户可以通过自我作业满足机械化服务需求，因此选择农业机械化服务的概率也就越小（许秀川等，2017）。家庭非农收入对数值的估计系数为0.0299，且通过了1%水平的显著性检验。意味着家庭非农收入越高，农户从事粮食生产的机会成本越高，农户越倾向于选择机械化服务来释放劳动力（段培等，2017）。

粮食补贴金额对数值的估计系数为0.1618，且通过了1%水平的显著性检验，这意味着种粮农户获取的粮食补贴金额越多，在粮食生产环节选择农业机械化服务的可能性越大。粮食补贴在一定程度上降低了农户粮食生产的成本，增强了种粮农户对农业机械化服务的购买能力。

村庄环境特征中的本村距离最近乡镇政府的距离、丘陵虚拟变量和山区虚拟变量均通过了1%水平的显著性检验。本村距离最近乡镇政府的距离的估计系数为 -0.0459，这意味着种粮农户距离最近乡镇政府越远，获取农业机械化服务的交通成本越大，越不倾向于选择农业机械化服务（宋海英和姜长云，2015；董欢，2017）。丘陵虚拟变量和山区虚拟变量的估计系数分别为 -1.0526 和 -1.9789，说明复杂的地形条件增加了农机作业的操作难度和服务成本（周晶等，2013），也降低了种粮农户对机械化服务选择的概率（宋海英和姜长云，2015；杨宇等，2018；陈江华和罗明忠，2018）。

第二节 农户粮食生产机械化服务支出的时空演变与驱动因素

现有文献大多利用微观调研的截面数据来研究农业机械化服务的需求及影响因素，缺乏从时空维度来探讨农户机械化服务支出的时序演变和空间分异。农业机械化服务市场的主要需求主体是众多小农户，其市场规模由众多小农户对农业机械化服务的购买量聚合而成。换言之，农户对农业机械化服务的购买量直接决定了农业机械化服务市场的发展水平。因此，本书尝试利用2004~2016年的全国省级面板数据和湖北县级面板数据来刻画农户粮食生产机械化服务支出的时空演变，并基于理论框架来实证分析农户粮食生产机械化服务支出的驱动因素，以期发现相关结论，为完善农业机械化服务市场、推进农业机械化进程提供参考。

一、基于2004～2016年全国省级面板的实证

（一）我国农户粮食生产机械化服务支出的时空演变

1. 我国农户粮食生产机械化服务支出的时序演变

图4-1显示了2004～2016年全国粮食生产机械化服务收入和农户户均粮食生产机械化服务支出的变动情况。不难看出除2016年出现小幅度下降外，全国粮食生产机械化服务收入和农户户均粮食生产机械化服务支出均呈现增加的趋势。其中，全国粮食生产机械化服务总收入从2004年的1387.35亿元增加到2016年的3420.19亿元，增长了146.53%；户均粮食生产机械化服务支出从2004年的557.58元增加到2016年的1276.08元，增长了128.86%。

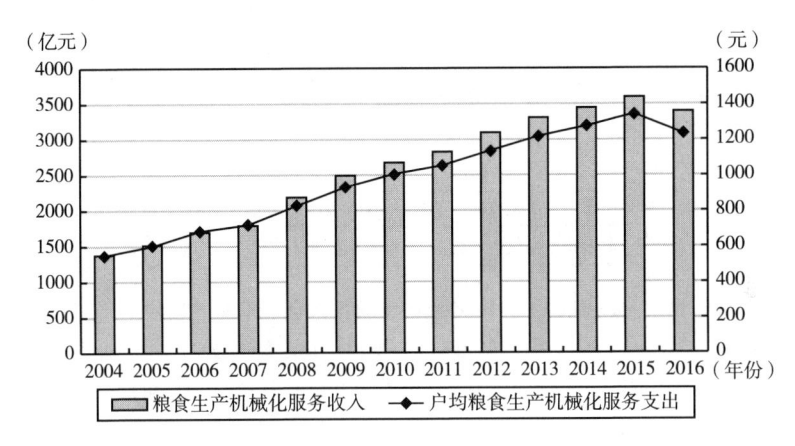

图4-1 2004～2016年全国粮食生产机械化作业服务总收入和户均支出的趋势

注：粮食生产机械化服务仅考虑机械化作业服务，不考虑农机维修等其他服务。粮食生产农机作业服务收入等于农机作业服务收入乘以粮食播种面积比重。户均粮食生产机械化服务支出等于粮食生产农机作业服务收入除以乡村户数。需要指出的是，由于《中国农业机械工业年鉴》从2014年开始只提供农机服务总收入的数据，不提供农机作业服务的收入，本书通过"农机服务总收入乘以2013年农机作业服务收入占农机服务总收入的比重"计算得到2014年、2015年和2016年的农机作业服务收入。

资料来源：2005～2017年的《中国农业机械工业年鉴》。

2. 农户粮食生产机械化服务支出的空间分异

整体上看，2004～2016年户均粮食生产机械化服务支出呈现出增长的趋势，但支出大小和支出增长速度存在较大的区域差异。以2016年为例，黑龙

江、吉林、安徽、内蒙古自治区和新疆维吾尔自治区这5个省份的粮食生产户均机械化服务支出居全国前五位；粮食生产户均机械化服务支出低于750元的地区有青海，西南地区的云南、四川、重庆和贵州以及东南沿海的浙江、福建和广东。① 2016年粮食生产户均机械化服务支出超过1000元的13个省份中有10个省份是粮食主产区。图4-2显示了粮食主产区和非粮食主产区的粮食生产户均机械化服务支出的变动情况，不难看出，粮食主产区农户粮食生产机械化服务支出均值要高于非粮食主产区。农户粮食生产机械化服务支出增长较快的地区有安徽省、黑龙江省、江苏省、湖北省，2004~2016年分别增长了282.90%、275.71%、223.18%和215.55%；而宁夏回族自治区、贵州省和山西省这3个地区的户均机械化服务支出增长相对较慢，2004~2016年分别增长了27.00%、19.01%和4.59%。

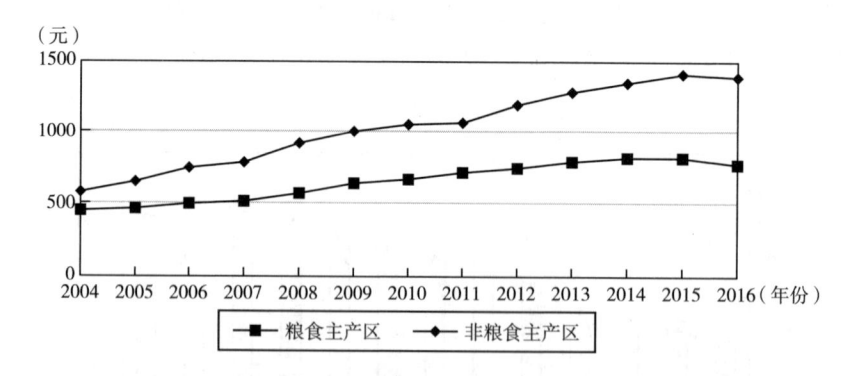

图4-2 2004~2016年我国粮食主产区和非主产区农户
粮食生产机械化服务支出均值变动情况

资料来源：作者根据各年度《中国农村统计年鉴》《中国农业机械工业年鉴》和各省统计年鉴的数据整理得到。

（二）我国农户粮食生产机械化服务支出的驱动因素

1. 变量选择

依据前文的理论分析，本书选取农户粮食生产机械化服务支出作为被解释变量，选取家庭农业劳动力、粮食种植规模、家庭非农总收入、区域农业机械化服务水平、农作物种植结构和区域交通条件等因素为解释变量。各研究变量说明如下：

---

① 笔者根据各年度《中国农村统计年鉴》《中国农业机械工业年鉴》和各省统计年鉴的数据整理得到。

(1) 粮食生产机械化服务支出。本书选用户均粮食生产机械化服务支出来衡量农户粮食生产机械化服务支出。户均粮食生产机械化服务支出 =（农机作业服务收入/乡村户数）×（粮食播种面积/农作物播种面积）。

(2) 家庭农业劳动力。本书选取户均农业劳动力来衡量农户家庭劳动力，并预期其对农户机械化服务支出具有负向影响，其中户均农业劳动力等于第一产业从业人员数除以乡村户数。

(3) 家庭粮食种植规模。本书选用户均粮食种植面积来衡量农户粮食种植规模，并预期其对农户粮食生产机械化服务支出具有正向影响，其中户均粮食种植面积等于粮食播种面积除以乡村户数。

(4) 家庭非农收入。本书选用滞后一期家庭工资性总收入来衡量家庭非农收入，并预期其对农户机械化服务支出具有正向影响，其中农户家庭工资性总收入等于农村家庭人均工资性收入乘以乡村农户户均规模。

(5) 区域农业机械化服务的供给水平。区域农业机械化服务供给水平是衡量农户购买机械化服务交易成本的指标之一。区域农业机械化服务供给水平越高，农户获取机械化服务的交易成本越低。本书采用每千公顷播种面积的乡村农机从业人员数来衡量区域农业机械化服务供给水平，并预期其对农户粮食生产机械化服务支出具有正向影响。

(6) 农作物种植结构。本书选取粮食播种面积占农作物播种面积的比重来衡量农作物种植结构，并预期其对农户粮食生产机械化服务支出具有正向影响。

2. 模型构建

本书选用面板回归模型来实证研究农户粮食生产机械化服务支出的驱动因素，采用的基准模型如下所示：

$$Se_{it} = \beta_0 + \beta_1 Labor_{it} + \beta_2 Land_{it} + \beta_3 Winc_{it} + \beta_4 Msc_{it} + \beta_5 Ps_{it} + u_{it} \quad (4-2)$$

式（4-2）中，Se_{it}、$Labor_{it}$、$Land_{it}$、$Winc_{it}$、Msc_{it}、Ps_{it}分别表示第 i 个地区第 t 期的农户粮食生产机械化服务支出、农户家庭农业劳动力、农户粮食种植面积、农户非农收入、区域农业机械化服务水平、每平方公里的公路里程数和粮食播种面积比重。$\beta_0 \sim \beta_5$为待估参数，u_{it}为随机干扰项。

3. 数据说明

本书重点关注农机购置补贴政策背景下农户粮食生产机械化服务支出的驱动因素，因此选择的研究数据是 2004~2016 年全国 26 个地区（北京、上海、天津、青海、西藏自治区以及港澳台地区部分数据缺失）的面板数据。各地区的农机作业服务总收入、农机作业服务人员数来源于 2005~2017 年的

《中国农业机械工业年鉴》。各地区的第一产业人员数、农村居民人均工资性收入、行政区域面积等指标均来源于 2004~2017 年的《中国统计年鉴》。各地区的乡村户数、农作物播种面积和粮食播种面积等指标数据均来源于 2005~2017 年的《中国农村统计年鉴》和各省统计年鉴。乡村户均规模数据来源于 2005~2017 年的《中国人口与就业统计年鉴》。农机服务经营收入和农村居民工资性收入等指标均消除价格因素的影响，折算为 2004 年的可比价格水平。各变量的描述性统计如表 4-6 所示。

表 4-6　　　　各变量的描述性统计（样本量：338）

变量	变量说明	均值	标准差	最小值	最大值	预期
Se	户均粮食生产机械化服务支出（元）	850.88	509.83	189.90	3031.25	—
Labor	户均农业劳动力（人）	1.18	0.34	0.37	2.29	负向
Land	户均粮食种植面积（亩）	7.84	6.32	1.47	33.97	正向
Winc	滞后一期的户均工资性总收入（元）	6571.29	4188.64	581.30	26558.53	正向
Msc	每千公顷播种面积的农机从业人员（人）	333.56	132.37	83.16	667.15	正向
Tra	每平方公里的公路里程数（公里）	0.72	0.43	0.04	1.73	正向
Ps	粮食种植总面积占比（%）	65.92	12.40	32.81	95.70	正向

4. 实证结果分析与讨论

本书运用 Stata12.0 软件完成对农户粮食生产机械化服务支出驱动因素的估计，估计结果如表 4-7 所示。通过 F 检验和 Hausman 检验发现，固定效应的估计结果均优于混合回归和随机效应，本书只给出了固定效应（方程 4-5）和随机效应（方程 4-7）的估计结果。另外，本书还使用"每千公顷耕地面积的乡村农机从业人员数"替代"每千公顷播种面积的乡村农机从业人员"对区域农业机械化服务的供给水平进行估计，固定效应和随机效应的估计结果分别见方程（4-7）和方程（4-8）。通过对比方程（4-5）和方程（4-6）、方程（4-7）和方程（4-8）的估计结果发现，各变量的正负号和显著性基本保持一致，可以认为估计结果是稳健的。通过多重共线性检验发现，方程（4-5）~方程（4-8）中各变量的 VIF 最大值均小于 10，可以认为不存在多重共线性。

表4-7　　农户粮食生产机械化服务支出驱动因素的估计结果

变量	方程（4-5）	方程（4-6）	方程（4-7）	方程（4-8）
家庭农业劳动力	-322.6096*** (95.2673)	-228.0580** (90.9887)	-365.0560*** (100.4470)	-249.6289*** (95.3568)
家庭粮食种植规模	93.6298*** (14.3427)	81.4306*** (8.7600)	96.0872*** (15.0858)	83.5125*** (8.9143)
家庭非农收入	0.0242*** (0.0041)	0.0251*** (0.0042)	0.0262*** (0.0043)	0.0272*** (0.0044)
区域农业机械化服务的供给水平	1.8394*** (0.2411)	1.6737*** (0.2240)	—	—
每千公顷耕地面积的乡村农机从业人员	—	—	0.9551*** (0.1859)	0.8380*** (0.1625)
农作物种植结构	17.9630*** (3.7822)	10.8586*** (3.1960)	17.8444*** (4.0531)	10.5163*** (3.3344)
常数项	-1374.9838*** (268.5231)	-875.2674*** (254.0974)	-1192.5184*** (293.2952)	-702.7140*** (271.4647)
样本量	338	338	338	338
R^2	0.5340	—	0.4890	—
Hausman 检验	64.05***	—	37.23***	—
F 检验	43.85***	—	40.40***	—
VIF 值域	[1.14, 2.29]	[1.14, 2.29]	[1.26, 2.31]	[1.26, 2.31]

注：括号内的值为标准误；*、**和***分别表示10%、5%和1%显著性水平。

（1）家庭农业劳动力。方程（4-5）~方程（4-8）的回归结果均表明，户均农业劳动力对户均粮食生产机械化服务支出具有负向影响，且均通过了1%水平的显著性检验，符合本书的研究预期。以方程（4-5）的结果为例，2004~2016年我国农户家庭农业劳动力每减少1人，粮食生产机械化服务支出则增加322.6096元。说明家庭农业劳动力越充足，农户通过人工完成粮食生产的能力越强，从而会减少对机械化服务的购买；反之，家庭农业劳动力越匮乏，农户越倾向于在粮食生产环节中选择机械化服务来替代人工作业，从而会增加对机械化服务的购买。

（2）家庭粮食种植规模。方程（4-5）~方程（4-8）的回归结果均表明，户均粮食种植面积对户均粮食生产机械化服务支出具有正向影响，且均通过了1%水平的显著性检验，符合本书的研究预期，这与曹阳等（2010）的研究结论基本一致。以方程（4-5）的结果为例，2004~2016年我国农户粮食种植面积每增加1亩，粮食生产机械化服务支出则增加93.6298元。这说明一方面，农户粮食种植规模越大，越容易面临劳动力的约束，从而越倾向于购买机械化服务来弥补劳动力不足；另一方面，种植规模越大，越容易发挥规模效应和降低机械化服务成本，农户也越倾向于购买机械化服务。

（3）家庭非农收入。方程（4-5）~方程（4-8）的回归结果均表明，户均工资性总收入对户均粮食生产机械化服务支出具有正向影响，且均通过了1%水平的显著性检验，符合本书的研究预期。以方程（4-5）的结果为例，上年度农户工资性收入每增加1万元，粮食生产机械化服务支出将增加242元。说明农户非农收入越高，一方面意味着农户购买机械化服务的支付能力越强；另一方面也意味着农户越倾向于将更多的劳动力和劳动时间配置在非农部门，劳动力从事农业生产的机会成本越高，从而驱使理性的农户通过购买机械化服务来替代劳动力。

（4）区域农业机械化服务的供给水平。方程（4-5）~方程（4-8）的回归结果均表明，每千公顷农作物播种面积的农机作业服务人员对户均粮食生产机械化服务支出具有正向影响，且通过了1%水平的显著性检验，符合本书的研究预期。说明区域机械化服务供给水平越高，机械化服务的可获得性越强，购买机械化服务的交易成本越低，农户越倾向于选择购买机械化服务或者增加机械化服务购买量。

（5）农作物种植结构。方程（4-5）~方程（4-8）的回归结果均表明，粮食播种面积比重对户均粮食生产机械化服务支出具有正向影响，且通过了1%水平的显著性检验，符合本书的研究预期。说明粮食播种面积比重越高，意味着粮食生产专业化程度越高，粮食生产机械化服务发展越成熟，农户对粮食生产机械化服务的支出也越多。

二、基于2004~2016年湖北县级面板的实证

（一）湖北农户粮食生产机械化服务支出的时空演变

1. 湖北农户粮食生产机械化服务支出的时序演变

图4-3显示了2004~2016年湖北省粮食生产农机作业服务收入和农户户均粮食生产机械化服务支出的变动情况，不难看出，湖北省粮食生产农机

作业服务收入和农户户均粮食生产机械化服务支出上均呈现增加的趋势。

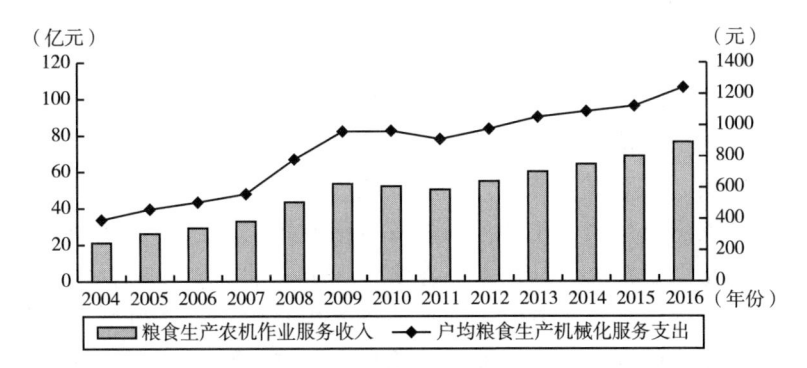

图 4-3 2004~2016 年湖北省粮食生产农机作业服务总收入和户均支出的趋势

注：粮食生产农机作业服务收入等于农机作业服务收入乘以粮食播种面积比重。户均粮食生产机械化服务支出等于粮食生产农机作业服务收入除以乡村户数。

资料来源：2005~2017 年的《湖北农村统计年鉴》。

其中，湖北粮食生产农机服务总收入从 2004 年的 21.10 亿元增加到 2016 年的 76.48 亿元，增长了 262.46%；户均粮食生产机械化服务支出从 2004 年的 393.20 元增加到 2016 年的 1240.77 元，增长了 215.56%。

2. 湖北农户粮食生产机械化服务支出的地域差异

整体上看，2004~2016 年湖北省各县（市、区）的户均粮食生产机械化服务支出整体上呈现增长的趋势，但支出大小存在较大的区域差异。湖北省农户粮食生产机械化服务支出整体呈现"中部高、东西低"的空间格局，户均粮食生产机械化服务支出较高的县（市、区）主要集中在鄂北岗地和江汉平原地区，户均粮食生产机械化服务支出较低的县（市、区）主要集中在鄂西北、鄂西南、鄂南山区和鄂东大别山地区。以 2016 年为例，户均粮食生产机械化服务支出超过 2000 元的 13 个县（市、区）中，钟祥、潜江、洪湖、江陵、枝江、监利、天门 8 个县（市、区）地处江汉平原地区，老河口、丹江口、襄州和枣阳 4 个地区地处鄂北岗地；农户户均机械化服务支出低于 1000 元的县（市、区）主要集中在恩施、咸宁、黄冈和十堰这些地区。[①] 江汉平原和鄂北岗地这两个地区地势相对平坦，便于开展农业机械化作业，同时这两个地区也是湖北省的粮食主要生产基地，粮食生产机械化服务市场也比较成熟。

---

① 笔者根据《湖北农村统计年鉴》（2017）的数据整理得到。

（二）湖北农户粮食生产机械化服务支出的驱动因素

1. 变量选择

依据前面的理论分析，本书选取农户粮食生产机械化服务支出作为被解释变量，选取家庭农业劳动力、粮食种植规模、家庭非农总收入、区域农业机械化服务水平、粮食种植结构等因素为解释变量。由于农户粮食生产机械化服务支出、家庭农业劳动力、农业机械化服务供给水平、粮食种植规模、家庭非农总收入和粮食种植结构等变量在前文已做详细说明，就不再赘述。但是需要指出的是，本书在实证研究湖北省农户粮食生产机械化服务支出的驱动因素时，考虑了地形条件对农户粮食生产机械化服务支出的影响。相比平原地区，丘陵地区和山区地形条件复杂，会提高机械对劳动力的替代难度（郑旭媛和徐志刚，2017），同时也会增加农机作业的服务成本（周晶等，2013）。因此本书设置了平原县、丘陵县和山区县虚拟变量来衡量地形条件。

2. 模型构建

本书选用面板回归模型来实证研究湖北省农户粮食生产机械化服务支出的驱动因素，采用的基准模型如下所示：

$$Se_{i,t} = \beta_0 + \beta_1 Labor_{it} + \beta_2 Land_{it} + \beta_3 Winc_{it-1} + \beta_4 Msc_{it} + \beta_5 D_{it} + \beta_6 Ps_{it} + u_{it}$$

$$(4-3)$$

式（4-3）中，Se、Labor、Land、Winc、Msc、D、Ps 分别表示农户粮食生产机械化服务支出、农户家庭农业劳动力、农户种植面积、农户家庭非农收入、区域农业机械化服务水平、地形条件虚拟变量和农作物种植结构。$\beta_0 \sim \beta_6$ 为待估参数，u_{it} 为随机干扰项。

3. 数据说明

本书重点关注农机购置补贴政策背景下湖北省农户粮食生产机械化服务支出的驱动因素，因此选择的研究数据是 2004~2016 年湖北省 70 个县市区的面板数据。各县市区的农机作业服务收入、乡村户数、乡村人口、第一产业人员数、农作物播种面积、粮食作物播种面积、乡村农机从业人员数、农民工资性收入等指标数据来源于 2004~2017 年的《湖北农村统计年鉴》和各县市区的统计年鉴。地形条件的相关数据按照 2012 年的《中国县（市）社会经济统计年鉴》的划分标准，将 70 个县（市、区）划分为 14 个平原县、21 个丘陵县和 35 个山区县。户均粮食生产机械化服务支出和户均工资性总收入指标分别使用农机具价格指数和农村居民消费价格指数消除价格因素的影响，折算为 2004 年的可比价格水平。农机具价格指数和农村居民消费价格指数来源于 2004~2017 年的《湖北统计年鉴》，各变量的描述性统计如表 4-8 所示。

表 4-8　　　　　　各变量的描述性统计（样本量：910）

变量	变量说明	均值	标准差	最小值	最大值	预期方向
Se	户均粮食生产机械化服务支出（元）	715.58	766.77	7.78	5269.62	—
Labor	户均农业劳动力（人）	0.93	0.22	0.40	1.85	负向
Land	户均粮食种植面积（亩）	6.57	2.40	2.06	16.03	正向
Winc	户均工资性总收入（元）	6456.31	3724.22	714.71	22724.44	正向
Msc	每千公顷播种面积的农机从业人员（人）	298.22	339.04	8.86	3117.11	正向
D	地形条件（平原县 = 0；丘陵县 = 1；山区县 = 2）	1.30	0.78	0.00	2.00	负向
Ps	粮食种植面积比重（%）	57.60	9.71	33.62	92.53	正向

4. 实证结果分析与讨论

本书运用 Stata12.0 软件完成对湖北省农户粮食生产机械化服务支出驱动因素的估计，估计结果如表 4-9 所示。方程（4-9）和方程（4-11）中地形条件变量以平原县为参照组，方程（4-10）和方程（4-12）中地形条件变量以山区县为参照组，由于含有不随之变化的虚拟变量，均不适合采用固定效应进行估计。同时，通过 LM 检验发现，方程（4-9）~方程（4-12）的随机效应估计结果均优于混合回归，因此本书只给出了随机效应的估计结果。方程（4-11）和方程（4-12）使用"每千公顷耕地面积的农机从业人员数"替代"每千公顷播种面积的农机从业人员"衡量区域农业机械化服务的供给水平。通过对比方程（4-9）和方程（4-11）、方程（4-10）和方程（4-12）的估计结果发现，各变量的正负号和显著性基本保持一致，可以认为估计结果是稳健的。通过多重共线性检验发现，方程（4-9）~方程（4-12）中各变量的 VIF 最大值均小于 10，可以认为不存在多重共线性。

表4-9　湖北省农户粮食生产机械化服务支出驱动因素的估计结果

变量	方程（4-9）	方程（4-10）	方程（4-11）	方程（4-12）
家庭农业劳动力	-189.6130*** (63.3560)	-189.6130*** (63.3560)	-184.9520*** (63.6719)	-184.9520*** (63.6719)
家庭粮食种植规模	108.0225*** (12.3228)	108.0225*** (12.3228)	101.4508*** (12.3794)	101.4508*** (12.3794)
家庭非农收入	0.0435*** (0.0032)	0.0435*** (0.0032)	0.0437*** (0.0033)	0.0437*** (0.0033)
区域农业机械化服务的供给水平	0.2728*** (0.0388)	0.2728*** (0.0388)	—	—
每千公顷耕地面积的农机从业人员	—	—	0.1113*** (0.0171)	0.1113*** (0.0171)
地形条件（参照组为平原县）				
丘陵县	-53.9118 (173.1457)	—	-58.3577 (173.2652)	—
山区县	-470.5728*** (160.6283)	—	-490.5650*** (160.7010)	—
地形条件（参照组为山区县）				
丘陵县	—	416.6610*** (139.4179)	—	432.2073*** (139.4376)
平原县	—	470.5728*** (160.6283)	—	490.5650*** (160.7010)
粮食播种面积占比	12.4141*** (2.5541)	12.4141*** (2.5541)	13.5350*** (2.5581)	13.5350*** (2.5581)
常数项	-644.8884*** (192.1855)	-1115.4612*** (172.9589)	-657.7495*** (192.7343)	-1148.3145*** (173.6996)
样本量	910	910	910	910
VIF值区间	[1.07, 2.49]	[1.07, 1.67]	[1.06, 2.47]	[1.06, 1.65]
LM检验	3220.64***	3220.64***	3205.12***	3205.12***
R²	0.5068	0.5068	0.5032	0.5032

注：括号内的值为标准误；*、**和***分别表示10%、5%和1%显著性水平。

第四章　农户对粮食生产机械化服务选择的实证研究：微观证据与宏观识别

（1）家庭农业劳动力。方程（4-9）~方程（4-12）的回归结果均表明，户均农业劳动力对户均粮食生产机械化服务支出的影响系数为负，且均通过了1%水平的显著性检验，符合本书的研究预期，也与前文利用省级面板数据的实证结果基本一致。以方程（4-9）的回归结果为例，户均农业劳动力对户均粮食生产机械化服务支出的影响系数为-189.6130，这意味着2004~2016年湖北省农户户均农业劳动力每减少1人，户均粮食生产机械化服务支出增加189.6130元。

（2）家庭粮食种植规模。方程（4-9）~方程（4-12）的回归结果均表明，户均种植面积对户均粮食生产机械化服务支出的影响系数为正，且均通过了1%水平的显著性检验，符合本书的研究预期，也与前文利用省级面板数据的实证结果基本一致。以方程（4-9）的回归结果为例，户均粮食种植面积对户均粮食生产机械化服务支出的影响系数为108.0225，这意味着2004~2016年湖北省农户户均粮食种植面积每增加1亩，户均粮食生产机械化服务支出增加108.0225元。

（3）家庭非农收入。方程（4-9）~方程（4-12）的回归结果均表明，农户非农总收入对农户粮食生产机械化服务支出的影响系数为正，且均通过了1%水平的显著性检验，符合本书的研究预期，也与前文利用省级面板数据的实证结果基本一致。以方程（4-9）的回归结果为例，农户非农收入对农户粮食生产机械化服务支出的影响系数为0.0435，这意味着2004~2016年湖北省农户非农收入每增加10000元，户均粮食生产机械化服务支出增加435元。

（4）区域农业机械化服务的供给水平。方程（4-9）~方程（4-12）的回归结果均表明，农户非农总收入对农户粮食生产机械化服务支出的影响系数为正，且均通过了1%水平的显著性检验，符合本书的研究预期，也与前文利用省级面板数据的实证结果基本一致。

（5）地形条件。方程（4-9）和方程（4-11）的回归结果中山区县虚拟变量对户均粮食生产机械化服务支出的影响系数为负，方程（4-10）和方程（4-12）的回归结果中丘陵县和平原县虚拟变量对户均粮食生产机械化服务支出的影响系数为正，且均通过了1%水平的显著性检验。以方程（4-10）的回归结果为例，丘陵县和平原县虚拟变量对户均粮食生产机械化服务支出的影响系数分别为416.6610和470.5728，这表明丘陵县和平原县的户均机械化服务支出的均值分别比山区县高416.6610元和470.5728元，这与前文的发现基本一致，可以认为山地条件对户均机械化服务支出具有负向影响。方程（4-9）和方程（4-11）的回归结果中丘陵虚拟变量对户均机械化服务支出对数值的影响系数为负，但没有通过显著性检验，这表明丘陵地区和平原地区的农户粮食生产机械化服务支出差异并不显著，这与许秀川等（2017）的研究发现基本一致。可能合理的解释是，农机作业难的问题在湖北省丘陵地区得到了一定程度的缓解（周晶等，2013），从而抵消了地形条件对农户机械化服务支出的负向影响。

（6）农作物种植结构。方程（4-9）~方程（4-12）的回归结果均显示，粮食播种面积比重对户均机械化服务支出的影响系数为正，且均通过了1%水平的显著性检验，符合本书的研究预期，也与前文利用省级面板数据的实证结果基本一致。

第三节　小　　结

按照上一章的理论分析框架，本章分别利用微观数据和宏观数据实证研究了农户对粮食生产机械化服务的选择行为，回答了"种粮农户是否选择机械化服务受哪些因素的影响"和"农户粮食生产机械化服务支出金额大小受哪些因素的影响"两个议题。具体而言：

第一节利用CLDS2014微观调查数据实证考察了种粮农户机械化服务选择的影响因素。研究结果显示，家庭主事者受教育程度、家庭非农收入、粮食补贴金额对种粮农户选择机械化服务行为具有显著促进作用；家庭农业劳动力、村庄距离最近乡政府的距离、丘陵虚拟变量和山区虚拟变量对种粮农户选择机械化服务行为具有显著负向影响。种粮农户机械化服务选择行为与耕地面积之间呈现倒"U"型关系。

第二节分别利用全国省级面板数据和湖北县级面板数据考察了农户粮食生产机械化服务支出的时空演变与驱动因素。研究结果显示，第一，2004~2016年我国户均粮食生产机械化服务支出整体呈现出增长的趋势，但粮食主产区农户粮食生产机械化服务支出均值要高于非粮食主产区。第二，2004~2016年湖北省户均粮食生产机械化服务支出也呈现出增长趋势，并呈现"中部高、东西低"的空间格局。户均粮食生产机械化服务支出较高的县（市、区）主要集中在鄂北岗地和江汉平原地区，户均机械化粮食生产服务支出较低的县（市、区）主要集中在鄂西北、鄂西南、鄂南山区和鄂东大别山地区。第三，全国省级面板和湖北县级面板的实证结果显示，户均种植规模、户均工资性收入、区域农业机械化服务的供给水平和粮食种植比重对户均粮食生产机械化服务支出具有显著正向影响，而户均农业劳动力对户均粮食生产机械化服务支出具有显著负向影响。另外，湖北县级面板数据的实证结果还显示，山地条件对户均机械化服务支出具有负向影响，而平原县和丘陵县的粮食生产机械化服务支出没有显著差异。

第五章

农业机械化服务对粮食生产要素投入影响的实证研究

——以稻谷、小麦和玉米为例

第一节 农业机械化服务对稻谷生产要素投入影响的实证研究

一、模型构建与变量说明

（一）模型构建

根据前文的理论分析框架，本书选用面板回归模型来实证研究农业机械化服务对稻谷生产要素投入的影响。为消除异方差的影响，对所有变量进行对数化处理，采用的基准模型如下所示：

$$\begin{cases} \ln Mr_{it} = \alpha_0 + \alpha_1 \ln Pc_{it} + \alpha_2 \ln Pl_{it} + \alpha_3 \ln Pf_{it} + \alpha_4 \ln Pr_{it} + \alpha_5 \ln Landr_{it} + u_{it} \\ \ln Lr_{it} = \beta_0 + \beta_1 \ln Sc_{it} + \beta_2 \ln Pl_{it} + \beta_3 \ln Pf_{it} + \beta_4 \ln Pr_{it} + \beta_5 \ln Landr_{it} + v_{it} \\ \ln Fr_{it} = \gamma_0 + \gamma_1 \ln Sc_{it} + \gamma_2 \ln Pl_{it} + \gamma_3 \ln Pf_{it} + \gamma_4 \ln Pr_{it} + \gamma_5 \ln Landr_{ij} + \eta_{it} \end{cases}$$

$$(5-1)$$

式（5-1）中，Mr_{it}、Lr_{it}、Fr_{it}、Sc_{it}、Pl_{it}、Pf_{it}、Pr_{it} 和 $Landr_{it}$ 分别表示第 i 稻谷主产区第 t 年稻谷每亩机械投入、每亩劳动力投入、每亩化肥投入、区域农业机械化服务供给水平、劳动力价格、化肥价格、稻谷销售价格和户均粮食种植面积。α、β、γ 为待估参数，u、v、η 为随机干扰项。

（二）变量描述

本书重点考察农业机械化服务供给水平对稻谷生产的机械、劳动力和化肥 3 种要素投入的影响，因此选取稻谷每亩机械投入、每亩劳动力投入、每亩化肥投入作为被解释变量，同时选取区域农业机械化服务供给水平为核心解释变量，另外还选取劳动力价格、化肥价格、稻谷销售价格和稻谷种植规模作为控制变量。各变量说明如下：

（1）稻谷每亩机械投入。本书选用稻谷每亩租赁机械作业费用（单位：元）来衡量每亩机械投入。

（2）稻谷每亩劳动力投入。本书选用稻谷每亩用工数量（单位：日）来衡量每亩劳动力投入。

（3）稻谷每亩化肥投入。本书选用稻谷每亩化肥用量（单位：公斤）来衡量每亩化肥投入。

（4）区域农业机械化服务供给水平。本书采用每千公顷农作物播种面积的乡村农机从业人员来衡量区域农业机械化服务供给水平。

（5）劳动力价格。本书选用劳动力日工价（单位：元）来衡量劳动力成本，其中劳动力日工价等于稻谷每亩人工成本除以每亩用工量。

（6）化肥价格。化肥价格（单位：元）等于稻谷每亩化肥费用除以每亩化肥使用量。

（7）稻谷销售价格。本书选用上年度每50公斤稻谷主产品的平均销售价格（单位：元/50公斤）来衡量稻谷销售价格。

（8）户均稻谷种植面积。户均粮食种植面积（单位：亩）等于稻谷播种面积除以乡村户数。

（三）数据说明

本书重点关注农机购置补贴政策背景下农业机械化服务对稻谷生产要素投入的影响，因此选择的研究数据是2004～2016年全国23个稻谷主产区的面板数据[①]。各个主产区的稻谷每亩租赁机械作业费用、每亩用工量、每亩化肥用量、每亩人工成本、每亩化肥费用、粮食销售价格等指标数据均来源于2004～2017年的《全国农产品成本收益资料汇编》。各地区的农作物播种面积、稻谷播种面积和乡村户数均来源于2005～2017年的《中国农村统计年鉴》和各省统计年鉴。各地区的乡村农机从业人员来源于2005～2017年的《中国农业机械工业统计年鉴》。每亩租赁机械作业费用、每亩人工成本、每亩化肥费用、粮食销售价格等指标均折算为2004年的可比价格水平。各变量的描述性统计如表5-1所示。

---

① 根据《全国农产品成本收益资料汇编》记录的粳稻、早籼稻、中籼稻和晚籼稻的主产区数据，本书认为稻谷主产区包括河北、内蒙古自治区、辽宁、吉林、黑龙江、江苏、浙江、安徽、福建、江西、山东、河南、湖北、湖南、广西壮族自治区、海南、重庆、四川、贵州、云南、陕西、宁夏回族自治区等23个省份。

表 5-1　　　　　　　　　各变量的描述性统计

变量名	样本量	均值	最小值	最大值
每亩机械投入（单位：元）	299	84.27	0.00	208.47
每亩劳动力投入（单位：日）	299	9.90	3.03	25.69
每亩化肥投入（单位：公斤）	299	22.55	13.59	39.62
劳动力价格（单位：元/日）	299	34.96	13.44	80.73
化肥价格（单位：元/公斤）	299	4.20	3.04	6.06
稻谷销售价格（单位：元/50公斤）	299	91.25	53.09	130.76
户均稻谷种植面积（单位：亩）	299	2.10	0.07	9.24
每千公顷播种面积的乡村农机从业人员（人）	299	292.79	76.77	635.61
每千公顷耕地面积的乡村农机从业人员（人）	299	408.80	75.79	908.01

注：2004~2017年的《全国农产品成本收益资料汇编》分别记录了中籼稻、中粳稻、晚籼稻和粳稻4种稻谷作物的成本收益情况，因此本书将各主产区稻谷生产各项指标进行均值处理，得到各主产区的每亩租赁机械作业费用、每亩用工量、每亩化肥用量、每亩人工成本、每亩化肥费用、粮食销售价格等指标数据。

二、实证结果分析与讨论

考虑方程组内各方程间存在关联性，本书借鉴吴伟伟和刘耀彬（2017）的思路，选择面板似无相关回归模型（SUR）并运用Stata12.0软件来估计农业机械化服务对稻谷生产要素投入的影响，估计结果如表5-2所示。方程（5-1）~方程（5-3）分别为农业机械化服务对稻谷每亩机械投入、劳动力投入和化肥投入的估计结果，同时给出面板固定效应模型的估计结果作为参照，如方程（5-4）~方程（5-6）所示。本书使用"每千公顷耕地面积的乡村农机从业人员数"替代"每千公顷播种面积的乡村农机从业人员数"衡量区域农业机械化服务供给水平并进行稳健性检验，估计结果如表5-3所示。通过对比方程（5-1）~方程（5-3）和方程（5-7）~方程（5-9）的估计结果，不难发现各变量的符号和显著性基本保持一致，因此可以认为估计结果是稳健的。同时，通过多重共线性检验发现，方程（5-1）~方程（5-3）和方程（5-7）~方程（5-9）中各变量的VIF最大值均小于10，可以认为不存在多重共线性。

表 5-2　农业机械化服务对稻谷生产要素投入影响的估计结果

变量名	面板 SUR 估计结果			面板固定效应的估计结果		
	方程（5-1）	方程（5-2）	方程（5-3）	方程（5-4）	方程（5-5）	方程（5-6）
	机械投入（对数）	劳动力投入（对数）	化肥投入（对数）	机械投入（对数）	劳动力投入（对数）	化肥投入（对数）
每千公顷播种面积的农机从业人员（对数）	0.6863*** (0.1173)	-0.1662*** (0.0466)	0.0333 (0.0374)	0.8716*** (0.1674)	-0.1797*** (0.0501)	-0.0090 (0.0425)
劳动力价格（对数）	0.8199*** (0.0596)	-0.3820*** (0.0237)	0.0445** (0.0183)	0.7827*** (0.0873)	-0.3645*** (0.0261)	0.0673*** (0.0222)
化肥价格（对数）	0.8351*** (0.2155)	-0.0217 (0.0659)	-0.2609*** (0.0557)	0.8040*** (0.2233)	-0.0135 (0.0668)	-0.2447*** (0.0567)
上一年稻谷出售价格（对数）	0.1971 (0.1782)	0.1386* (0.0716)	0.1241** (0.0565)	0.1155 (0.2609)	0.0650 (0.0781)	0.0791 (0.0662)
户均稻谷种植面积（对数）	0.0947 (0.1047)	-0.0229 (0.0724)	0.0631 (0.0552)	-0.5276** (0.2673)	-0.1216 (0.0800)	0.1454** (0.0679)
常数项	—	—	—	-4.8986*** (1.0833)	4.2074*** (0.3243)	2.8632*** (0.2750)
样本量	299	299	299	299	299	299
VIF 值区间	[1.23, 3.59]	[1.23, 3.59]	[1.23, 3.59]	[1.23, 3.59]	[1.23, 3.59]	[1.23, 3.59]

注：括号内的值为标准误；*、** 和 *** 分别表示 10%、5% 和 1% 的显著性水平。Stata 使用 "xtsur" 命令进行面板似不相关回归估计时不汇报常数项。另外，贵州和陕西部分年份的每亩机械租赁作业费用出现小于 1 元或等于 0 元的情况，取对数后会出现负值和缺失值，为方便实证分析，本书将对负值和缺失值均处理为 0。

表 5-3　农业机械化服务对稻谷生产要素投入影响的稳健性检验

变量名	面板 SUR 估计结果			面板固定效应的估计结果		
	方程（5-7）	方程（5-8）	方程（5-9）	方程（5-10）	方程（5-11）	方程（5-12）
	机械投入（对数）	劳动力投入（对数）	化肥投入（对数）	机械投入（对数）	劳动力投入（对数）	化肥投入（对数）
每千公顷耕地面积的农机从业人员（对数）	0.5926*** (0.0993)	-0.1621*** (0.0448)	0.0488 (0.0355)	0.9961*** (0.1582)	-0.1606*** (0.0485)	0.0039 (0.0410)
劳动力价格（对数）	0.8446*** (0.0586)	-0.3854*** (0.0237)	0.0429** (0.0182)	0.7772*** (0.0846)	-0.3699*** (0.0259)	0.0653*** (0.0219)

续表

变量名	面板 SUR 估计结果			面板固定效应的估计结果		
	方程 (5-7)	方程 (5-8)	方程 (5-9)	方程 (5-10)	方程 (5-11)	方程 (5-12)
	机械投入（对数）	劳动力投入（对数）	化肥投入（对数）	机械投入（对数）	劳动力投入（对数）	化肥投入（对数）
化肥价格（对数）	0.8387*** (0.2132)	-0.0147 (0.0666)	-0.2679*** (0.0559)	0.7137*** (0.2203)	-0.0113 (0.0675)	-0.2490*** (0.0571)
上一年稻谷出售价格（对数）	0.2008 (0.1635)	0.1409* (0.0719)	0.1201** (0.0561)	0.0842 (0.2557)	0.0639 (0.0784)	0.0770 (0.0663)
户均稻谷种植面积（对数）	0.0771 (0.1037)	-0.0222 (0.0732)	0.0553 (0.0549)	-0.5813** (0.2623)	-0.1202 (0.0804)	0.1429** (0.0680)
常数项	—	—	—	-5.5654*** (1.0658)	4.1641*** (0.3267)	2.8128*** (0.2762)
样本量	299	299	299	299	299	299
VIF 值区间	[1.20, 3.63]	[1.20, 3.63]	[1.20, 3.63]	[1.20, 3.63]	[1.20, 3.63]	[1.20, 3.63]

注：括号内的值为标准误；*、** 和 *** 分别表示 10%、5% 和 1% 的显著性水平。Stata 使用 "xtsur" 命令进行面板似不相关回归估计时不汇报常数项。

由表 5-2 可知，方程（5-1）的回归结果显示，农业机械化服务供给水平对稻谷每亩机械投入的边际影响系数为 0.6863，且通过了 1% 水平的显著性检验，这意味农业机械化服务供给水平对于稻谷生产的机械投入具有促进作用。区域农业机械化服务供给水平越高，农户获取稻谷生产机械服务的交易成本越低，越倾向于增加机械费用投入。方程（5-2）的回归结果显示，农业机械化服务供给水平对稻谷每亩用工投入的边际影响系数为 -0.1662，且通过了 1% 水平的显著性检验，这意味农业机械化服务供给水平对稻谷生产用工投入具有负向作用。区域农业机械化服务供给水平越高，生产者通过购买机械服务替代人工作业越便利，从而越倾向于减少稻谷生产的用工量。另外，方程（5-3）的回归结果显示，农业机械化服务供给水平对稻谷每亩化肥用量的边际影响为正，但没有通过显著性检验。

劳动力价格对稻谷亩均机械投入的边际影响系数为 0.8199，且通过了 1% 水平的显著性检验，这意味着劳动力价格上涨对于稻谷机械投入具有正向促进作用，具体而言，劳动力价格每上涨 1%，稻谷亩均机械投入增加 0.8199%。劳动力价格对稻谷亩均用工投入的边际影响系数为 -0.3820，且通过了1%水平的显著性检验，这意味着用工上涨对于稻谷亩均用工投入具有负向影响，具体而言，劳动力价格每增加1%，稻谷亩均用工投入减少0.3820%。劳动力价格对稻谷亩均化肥用量的边际影响系数为0.0445，且通过了5%水平的显著性检验，这意味着劳动力价格上涨对于稻谷生产化肥用量具有正向促进作用，具体而言，劳动力价格每上涨1%，稻谷生产亩均化肥用量增加0.0445%。劳动力价格上涨驱使理性的稻谷生产者减少人工投入量，增加机械和化肥投入，这与郑旭媛和徐志刚（2017）的研究结论基本一致。

化肥价格对稻谷亩均机械投入的边际影响系数为0.8351，且通过了1%水平的显著性检验。由于化肥和机械之间存在替代关系，化肥价格上涨对于稻谷生产机械投入具有正向促进作用，具体而言，化肥价格每上涨1%，稻谷亩均机械费用平均增加0.8351%。化肥价格对稻谷亩均化肥用量的边际影响系数为-0.2609，且通过了1%水平的显著性检验，这意味着化肥价格上涨对于稻谷生产化肥用量具有抑制作用，具体而言，化肥价格每上涨1%，稻谷亩均化肥用量减少0.2609%。

上期稻谷价格对稻谷亩均化肥用量的边际影响系数为0.1241，且通过了5%水平的显著性检验，这意味着稻谷价格的上涨对稻谷生产化肥用量具有正向促进作用，具体而言，上期稻谷价格每上涨1%，稻谷亩均化肥用量增加0.1241%。上期稻谷价格对稻谷亩均用工投入的边际影响系数为0.1386，且通过了10%水平的显著性检验，这意味着稻谷价格的上涨对稻谷生产用工投入具有显著促进作用，具体而言，上期稻谷价格每上涨1%，稻谷亩均用工投入增加0.1386%。另外，稻谷价格对稻谷亩均机械投入的边际影响不显著。户均稻谷种植面积对稻谷每亩机械投入、化肥投入和劳动力投入的边际影响均不显著。

第二节 农业机械化服务对小麦生产要素投入影响的实证研究

一、模型构建与变量说明

（一）模型构建

根据前文的理论分析框架，本书选用面板回归模型来实证研究农业机械化服务对小麦生产要素投入的影响。为消除异方差的影响，对所有变量进行对数化处理，采用的基准模型如下所示：

$$\begin{cases} \ln mw_{it} = \alpha_0 + \alpha_1 \ln sc_{it} + \alpha_2 \ln pl_{it} + \alpha_3 \ln pf_{it} + \alpha_4 \ln pw_{it} + a_5 \ln landw_{it} + u_{it} \\ \ln lw_{it} = \beta_0 + \beta_1 \ln sc_{it} + \beta_2 \ln pl_{it} + \beta_3 \ln pf_{it} + \beta_4 \ln pw_{it} + \beta_5 \ln landw_{it} + v_{it} \\ \ln fw_{it} = \gamma_0 + \gamma_1 \ln sc_{it} + \gamma_2 \ln pl_{it} + \gamma_3 \ln pf_{it} + \gamma_4 \ln pw_{it} + \gamma_5 \ln Landw_{ij} + \eta_{it} \end{cases}$$

(5-2)

式（5-2）中，mw_{it}、lr_{it}、fr_{it}、sc_{it}、pl_{it}、pf_{it}、pw_{it} 和 $landw_{it}$ 分别表示第 i 小麦主产区第 t 年小麦每亩机械投入、每亩劳动力投入、每亩化肥投入、区域农业机械化服务供给水平、劳动力价格、化肥价格、小麦销售价格和户均小麦种植面积。α、β、γ 为待估参数，u、v、η 为随机干扰项。

（二）变量描述

本书重点考察农业机械化服务供给水平对小麦生产的机械、劳动力和化肥3种要素投入的影响，因此选取小麦每亩机械投入、每亩劳动力投入、每亩化肥投入作为被解释变量，同时选取区域农业机械化服务供给水平为核心解释变量，另外还选取劳动力价格、化肥价格、小麦销售价格和小麦种植规模作为控制变量。各变量说明如下：

（1）小麦每亩机械投入。本书选用小麦每亩租赁机械作业费用（单位：元）来衡量每亩机械投入。

（2）小麦每亩劳动力投入。本书选用小麦每亩用工数量（单位：日）来衡量每亩劳动力投入。

（3）小麦每亩化肥投入。本书选用小麦每亩化肥用量（单位：公斤）来衡量每亩化肥投入。

（4）区域农业机械化服务供给水平。本书采用每千公顷农作物播种面积的乡村农机从业人员来衡量区域农业机械化服务供给水平。

（5）劳动力价格。本书选用劳动力日工价（单位：元）来衡量劳动力成本，其中劳动力日工价等于小麦每亩人工成本除以每亩用工量。

（6）化肥价格。化肥价格（单位：元）等于小麦每亩化肥费用除以每亩化肥使用量。

（7）小麦销售价格。本书选用上年度每50公斤小麦主产品的平均销售价格（单位：元/50kg）来衡量小麦销售价格。

（8）户均小麦种植面积。户均小麦种植面积（单位：亩）等于小麦播种面积除以乡村户数。

(三) 数据说明

本书重点关注农机购置补贴政策背景下农业机械化服务对小麦生产要素投入的影响，因此选择的研究数据是 2004～2016 年全国 15 个小麦主产区的面板数据①。各个主产区的小麦每亩租赁机械作业费用、每亩用工量、每亩化肥用量、每亩人工成本、每亩化肥费用、小麦销售价格等指标数据均来源于 2004～2017 年的《全国农产品成本收益资料汇编》。各地区的农作物播种面积、小麦播种面积和乡村户数均来源于 2005～2017 年的《中国农村统计年鉴》和各省统计年鉴。各小麦主产区的乡村农机从业人员来源于 2005～2017 年的《中国农业机械工业统计年鉴》。小麦每亩租赁机械作业费用、每亩人工成本、每亩化肥费用、小麦销售价格等指标均折算为 2004 年的可比价格水平。各变量的描述性统计如表 5-4 所示。

表 5-4　　各变量的描述性统计

变量名	样本量	均值	最小值	最大值
每亩农机作业投入（单位：元）	195	70.36	4.97	130.45
每亩劳动力投入（单位：日）	195	6.12	0.26	14.18
每亩化肥投入（单位：公斤）	195	22.50	10.09	37.42
劳动力价格（单位：元/日）	195	34.72	13.70	97.42
化肥价格（单位：元/公斤）	195	3.97	2.61	5.49
小麦销售价格（单位：元/50公斤）	195	76.24	46.16	117.39
户均小麦种植面积（单位：亩）	195	2.28	0.20	7.04
每千公顷播种面积的乡村农机从业人员（人）	195	302.75	76.77	635.61
每千公顷耕地面积的乡村农机从业人员（人）	195	394.84	75.79	908.01

二、实证结果分析与讨论

考虑方程组内各方程之间存在关联性，与前文农业机械化服务对水稻生产要素投入影响的研究思路一致，本书选择面板似无相关回归模型（SUR）

---

① 根据《全国农产品成本收益资料汇编》记录的小麦主产区数据，本书认为小麦主产区主要包括河北、陕西、内蒙古自治区、黑龙江、江苏、安徽、山东、河南、湖北、四川、云南、陕西、甘肃、宁夏回族自治区、新疆维吾尔自治区 15 个省份。

并运用Stata12.0软件来估计农业机械化服务对小麦生产要素投入的影响，估计结果如表5-5所示。方程（5-13）~方程（5-15）分别为农业机械化服务对小麦每亩机械投入、劳动力投入和化肥投入的估计结果，同时给出面板固定效应模型的估计结果作为参照，如方程（5-16）~方程（5-18）所示。本书使用"每千公顷耕地面积的乡村农机从业人员"替代"每千公顷播种面积的乡村农机从业人员"衡量区域农业机械化服务供给水平进行稳健性检验，估计结果如表5-6所示。通过对比方程（5-13）~方程（5-15）和方程（5-19）~方程（5-21）的估计结果，不难发现各变量的符号和显著性基本保持一致，因此可以认为估计结果是稳健的。同时，通过多重共线性检验发现，方程（5-13）~方程（5-15）和方程（5-19）~方程（5-21）中各变量的VIF最大值均小于10，可以认为不存在多重共线性。

表5-5　农业机械化服务对小麦生产要素投入影响的估计结果

变量名	面板SUR估计结果			面板固定效应的估计结果		
	方程(5-13)	方程(5-14)	方程(5-15)	方程(5-16)	方程(5-17)	方程(5-18)
	机械投入（对数）	劳动力投入（对数）	化肥投入（对数）	机械投入（对数）	劳动力投入（对数）	化肥投入（对数）
每千公顷播种面积的乡村农机从业人员（对数）	0.5760*** (0.0794)	-0.2708*** (0.0748)	-0.0597 (0.0387)	0.4978*** (0.1029)	-0.3570*** (0.0894)	-0.0808* (0.0422)
劳动力价格（对数）	0.4186*** (0.0345)	-0.3422*** (0.0330)	0.1092*** (0.0169)	0.4173*** (0.0473)	-0.3138*** (0.0411)	0.1200*** (0.0194)
化肥价格（对数）	0.4009*** (0.1169)	0.1775* (0.1019)	-0.0483 (0.0485)	0.4676*** (0.1201)	0.2134** (0.1044)	-0.0484 (0.0493)
上一年小麦出售价格（对数）	0.2000* (0.1181)	0.0666 (0.1186)	0.1726*** (0.0637)	0.2320 (0.1808)	-0.0258 (0.1572)	0.1279* (0.0743)
户均小麦种植面积（对数）	0.0353 (0.0704)	0.2661*** (0.0647)	0.1531*** (0.0332)	-0.0807 (0.0837)	0.2015*** (0.0727)	0.1413*** (0.0344)
常数项				-1.6684** (0.7542)	4.4053*** (0.6555)	2.5288*** (0.3097)
样本量	195	195	195	195	195	195
VIF值区间	[1.05, 2.26]	[1.05, 2.26]	[1.05, 2.26]	[1.05, 2.26]	[1.05, 2.26]	[1.05, 2.26]

注：括号内的值为标准误；*、**和***分别表示10%、5%和1%的显著性水平。Stata使用"xtsur"命令进行面板似不相关回归估计时不汇报常数项。

表 5-6　农业机械化服务对小麦生产要素投入影响的稳健性检验

变量名	面板 SUR 估计结果			面板固定效应的估计结果		
	方程 (5-19)	方程 (5-20)	方程 (5-21)	方程 (5-22)	方程 (5-23)	方程 (5-24)
	机械投入 (对数)	劳动力投入 (对数)	化肥投入 (对数)	机械投入 (对数)	劳动力投入 (对数)	化肥投入 (对数)
每千公顷耕地面积的乡村农机从业人员（对数）	0.5796*** (0.0731)	-0.2347*** (0.0715)	-0.0333 (0.0371)	0.6030*** (0.0938)	-0.2624*** (0.0867)	-0.0516 (0.0404)
劳动力价格（对数）	0.4102*** (0.0332)	-0.3435*** (0.0333)	0.1075*** (0.0170)	0.4035*** (0.0454)	-0.3162*** (0.0420)	0.1189*** (0.0196)
化肥价格（对数）	0.4015*** (0.1121)	0.1724* (0.1036)	-0.0555 (0.0488)	0.4304*** (0.1149)	0.1883* (0.1062)	-0.0564 (0.0495)
上一年小麦出售价格（对数）	0.2045* (0.1123)	0.0589 (0.1173)	0.1663*** (0.0631)	0.2056 (0.1727)	-0.0606 (0.1595)	0.1176 (0.0745)
户均小麦种植面积（对数）	-0.0939 (0.0692)	0.3067*** (0.0650)	0.1650*** (0.0324)	-0.1636** (0.0770)	0.2704*** (0.0711)	0.1573*** (0.0332)
常数项	—	—	—	-2.1009*** (0.7168)	4.0715*** (0.6623)	2.4240*** (0.3091)
样本量	195	195	195	195	195	195
VIF 值区间	[1.06, 2.26]	[1.06, 2.26]	[1.06, 2.26]	[1.06, 2.26]	[1.06, 2.26]	[1.06, 2.26]

注：括号内的值为标准误；*、** 和 *** 分别表示 10%、5% 和 1% 的显著性水平。Stata 使用"xtsur"命令进行面板似不相关回归估计时不汇报常数项。

由表 5-5 可知，方程（5-13）的回归结果显示，农业机械化服务供给水平对小麦每亩机械投入的边际影响系数为 0.5760，且通过了 1% 水平的显著性检验，这意味农业机械化服务供给水平对于小麦生产的机械投入具有促进作用。说明区域农业机械化服务供给水平越高，农户获取小麦生产机械服务的交易成本越低，越倾向于增加机械费用投入。方程（5-14）的回归结果显示，农业机械化服务供给水平对小麦每亩用工投入的边际影响系数为 -0.2708，且通过了 1% 水平的显著性检验，这意味农业机械化服务供给水平对小麦生产用工投入具有负向作用。说明区域农业机械化服务供给水平越高，生产者通过购买机械服务替代人工作业越便利，从而越倾向于减少小麦生产的用工量。另外，方程（5-15）的回归结果显示，农业机械化服务供给水平对小麦每亩化肥用量的边际影响为负，但没有通过显著性检验。

劳动力价格对小麦每亩机械投入的边际影响系数为0.4186，且通过了1%水平的显著性检验，这意味着劳动力价格上涨对于小麦机械投入具有正向促进作用，具体而言，劳动力价格每上涨1%，小麦每亩机械投入增加0.4186%。劳动力价格对小麦每亩用工投入的边际影响系数为-0.3422，且通过了1%水平的显著性检验，这意味着用工上涨对于小麦亩均用工投入具有负向影响，具体而言，劳动力价格每增加1%，小麦亩均用工投入减少0.3422%。劳动力价格对小麦亩均化肥用量的边际影响系数为0.1092，且通过了1%水平的显著性检验，这意味着劳动力价格上涨对于小麦生产化肥用量具有正向促进作用，具体而言，劳动力价格每上涨1%，小麦生产亩均化肥用量增加0.1092%。劳动力价格上涨驱使理性的小麦生产者减少人工投入量，增加机械和化肥投入，这与郑旭媛和徐志刚（2017）的研究结论基本一致。

化肥价格对小麦每亩机械投入的边际影响系数为0.4009，且通过了1%水平的显著性检验。由于化肥和机械之间存在替代关系，化肥价格上涨对于小麦生产机械投入具有正向促进作用，具体而言，化肥价格每上涨1%，小麦亩均机械费用平均增加0.4009%。化肥价格对小麦每亩用工量的边际影响系数为正，且通过了10%水平的显著性检验，这意味着化肥价格上涨对小麦生产劳动力投入具有正向促进作用。化肥价格对小麦每亩化肥使用量的边际影响系数为负，但没有通过显著性检验，这意味着化肥价格上涨对于小麦生产化肥用量不存在明显的抑制作用。

上年度小麦价格对小麦每亩机械投入的边际影响系数为0.2045，且通过了10%水平的显著性检验，这意味着小麦价格的上涨对小麦生产机械投入具有正向促进作用，具体而言，上期小麦价格每上涨1%，小麦每亩机械投入增加0.2%。上年度小麦价格对小麦每亩化肥用量的边际影响系数为0.1726，且通过了1%水平的显著性检验，这意味着小麦价格的上涨对小麦每亩化肥用量具有显著促进作用，具体而言，小麦价格每上涨1%，小麦每亩化肥用量增加0.1726%。小麦价格对小麦劳动力投入的边际影响不显著。另外，户均小麦种植面积对小麦每亩劳动力投入和化肥投入具有正向促进作用。

第三节 农业机械化服务对玉米生产要素投入影响的实证研究

一、模型构建与变量说明

（一）模型构建

根据前文的理论分析框架，本书选用面板回归模型来实证研究农业机械化服务对玉米生产要素投入的影响。为消除异方差的影响，对所有变量进行对数化处理，采用的基准模型如下所示：

$$\begin{cases} \ln mc_{it} = \alpha_0 + \alpha_1 \ln sc_{it} + \alpha_2 \ln pl_{it} + \alpha_3 \ln pf_{it} + \alpha_4 \ln pc_{it} + \alpha_5 \ln landc_{it} + u_{it} \\ \ln lc_{it} = \beta_0 + \beta_1 \ln sc_{it} + \beta_2 \ln Pl_{it} + \beta_3 \ln pf_{it} + \beta_4 \ln pc_{it} + \beta_5 \ln landc_{it} + \nu_{it} \\ \ln fc_{it} = \gamma_0 + \gamma_1 \ln sc_{it} + \gamma_2 \ln Pl_{it} + \gamma_3 \ln pf_{it} + \gamma_4 \ln pc_{it} + \gamma_5 \ln landc_{ij} + \eta_{it} \end{cases}$$

$$(5-3)$$

式（5-3）中，mc_{it}、lc_{it}、fc_{it}、sc_{it}、pl_{it}、pf_{it}、pc_{it} 和 $landc_{it}$ 分别表示第 i 个玉米主产区第 t 年玉米每亩机械投入、每亩劳动力投入、每亩化肥投入、区域农业机械化服务供给水平、劳动力价格、化肥价格、玉米销售价格和户均玉米种植面积。α、β、γ 为待估参数，u、ν、η 为随机干扰项。

（二）变量描述

本书重点考察农业机械化服务供给水平对玉米生产的机械、劳动力和化肥3种要素投入的影响，因此选取玉米每亩机械投入、每亩劳动力投入、每亩化肥投入作为被解释变量，同时选取区域农业机械化服务供给水平为核心解释变量，另外还选取劳动力价格、化肥价格、玉米销售价格和玉米种植规模作为控制变量。各变量说明如下：

（1）玉米每亩机械投入。本书选用玉米每亩租赁机械作业费用（单位：元）来衡量每亩机械投入。

（2）玉米每亩劳动力投入。本书选用玉米每亩用工数量（单位：日）来衡量每亩劳动力投入。

（3）玉米每亩化肥投入。本书选用玉米每亩化肥用量（单位：公斤）来衡量每亩化肥投入。

（4）区域农业机械化服务供给水平。本书采用每千公顷农作物播种面积的乡村农机从业人员来衡量区域农业机械化服务供给水平。

（5）劳动力价格。本书选用劳动力日工价（单位：元）来衡量劳动力成本，其中劳动力日工价等于玉米每亩人工成本除以每亩用工量。

（6）化肥价格。化肥价格（单位：元）等于玉米每亩化肥费用除以每亩化肥使用量。

（7）玉米销售价格。本书选用上年度每50公斤玉米主产品的平均销售价格（单位：元/50kg）来衡量玉米销售价格。

（8）户均玉米种植面积。户均玉米种植面积（单位：亩）等于玉米播种面积除以乡村户数。

（三）数据说明

本书重点关注农机购置补贴政策背景下农业机械化服务对玉米生产要素投入的影响，因此选择的研究数据是全国19个玉米主产区2004~2016年的面板数据[①]。各个主产区的玉米每亩租赁机械作业费用、每亩用工量、每亩化肥用量、每亩人工成本、每亩化肥费用、玉米销售价格等指标数据均来源于2004~2017年的《全国农产品成本收益资料汇编》。各地区的农作物播种面积、玉米播种面积和乡村户数均来源于2005~2017年的《中国农村统计年鉴》和各省统计年鉴。各玉米主产区的乡村农机从业人员来源于2005~2017年的《中国农业机械工业统计年鉴》。玉米每亩租赁机械作业费用、每亩人工成本、每亩化肥费用、玉米销售价格等指标均折算为2004年的可比价格水平。各变量的描述性统计如表5-7所示。

表5-7　　　　各变量的描述性统计

变量名	样本量	均值	最小值	最大值
每亩农机作业投入（单位：元）	247	46.40	0.00	126.12
每亩劳动力投入（单位：日）	247	8.97	2.69	20.90
每亩化肥投入（单位：公斤）	247	22.92	12.82	33.85
劳动力价格（单位：元/）	247	33.05	13.70	61.06
化肥价格（单位：元/公斤）	247	3.52	2.32	5.04
玉米销售价格（单位：元/50公斤）	247	70.94	43.64	98.87

---

① 根据《全国农产品成本收益资料汇编》记录的玉米主产区数据，本书认为玉米主产区主要包括河北、陕西、内蒙古自治区、辽宁、吉林、黑龙江、江苏、安徽、山东、河南、湖北、重庆、四川、贵州、云南、陕西、甘肃、宁夏回族自治区、新疆维吾尔自治区19个省份。

续表

变量名	样本量	均值	最小值	最大值
户均玉米种植面积（亩）	247	3.60	0.35	16.65
每千公顷播种面积的乡村农机从业人员（人）	247	285.23	76.77	635.61
每千公顷耕地面积的乡村农机从业人员（人）	247	362.80	75.79	908.01

二、实证结果分析

考虑方程组内各方程之间存在关联性，与前文农业机械化服务对水稻生产要素投入影响的研究思路一致，本书选择面板似无相关回归模型（SUR）并运用Stata12.0软件来估计农业机械化服务对玉米生产要素投入的影响，估计结果如表5-8所示。方程（5-25）~方程（5-27）分别为农业机械化服务对玉米每亩机械投入、劳动力投入和化肥投入的估计结果，同时给出面板固定效应模型的估计结果作为参照，如方程（5-28）~方程（5-30）所示。本书使用"每千公顷耕地面积的乡村农机从业人员"替代"每千公顷播种面积的乡村农机从业人员"衡量区域农业机械化服务供给水平进行稳健性检验，估计结果如表5-9所示。通过对比方程（5-25）~方程（5-27）和方程（5-31）~方程（5-33）的估计结果，不难发现各变量的符号和显著性基本保持一致，因此可以认为估计结果是稳健的。同时，通过多重共线性检验发现，方程（5-25）~方程（5-27）和方程（5-31）~方程（5-33）中各变量的VIF最大值均小于10，可以认为不存在多重共线性。

表5-8　　农业机械化服务对玉米生产要素投入影响的估计结果

变量名	面板SUR估计结果			面板固定效应的估计结果		
	方程(5-25)	方程(5-26)	方程(5-27)	方程(5-28)	方程(5-29)	方程(5-30)
	机械投入（对数）	劳动力投入（对数）	化肥投入（对数）	机械投入（对数）	劳动力投入（对数）	化肥投入（对数）
每千公顷播种面积的乡村农机从业人员（对数）	0.5278*** (0.1445)	-0.0690* (0.0368)	-0.1000*** (0.0367)	0.7104*** (0.1923)	-0.0683 (0.0442)	-0.1265*** (0.0405)
劳动力价格（对数）	0.9989*** (0.0965)	-0.2565*** (0.0222)	0.0443** (0.0208)	1.0263*** (0.1022)	-0.2486*** (0.0235)	0.0479** (0.0215)

续表

变量名	面板 SUR 估计结果			面板固定效应的估计结果		
	方程 (5-25) 机械投入 （对数）	方程 (5-26) 劳动力投入 （对数）	方程 (5-27) 化肥投入 （对数）	方程 (5-28) 机械投入 （对数）	方程 (5-29) 劳动力投入 （对数）	方程 (5-30) 化肥投入 （对数）
化肥价格（对数）	0.0553 (0.3062)	0.2767*** (0.0707)	-0.5009*** (0.0658)	-0.2292 (0.3210)	0.2713*** (0.0738)	-0.5149*** (0.0676)
上一年玉米出售价格（对数）	0.1198 (0.2374)	0.1824*** (0.0572)	0.2086*** (0.0549)	0.3986 (0.2774)	0.1656** (0.0638)	0.1927*** (0.0585)
户均玉米种植面积（对数）	0.1697 (0.1539)	-0.1825*** (0.0509)	0.0308 (0.0525)	-0.8322*** (0.2779)	-0.2133*** (0.0639)	0.0428 (0.0586)
常数项	—	—	—	-4.6299*** (1.1296)	2.4518*** (0.2597)	3.4446*** (0.2381)
样本量	247	247	247	247	247	247
VIF 值区间	[1.16, 3.70]	[1.16, 3.70]	[1.16, 3.70]	[1.16, 3.70]	[1.16, 3.70]	[1.16, 3.70]

注：括号内的值为标准误；*、**和***分别表示10%、5%和1%的显著性水平。Stata 使用"xtsur"命令进行面板似不相关回归估计时不汇报常数项。另外，重庆、贵州和四川部分年份的每亩机械租赁作业费用出现小于1元或等于0元的情况，取对数后会出现负值和缺失值，为方便实证分析本书将对负值和缺失值均处理为0。

表 5-9　农业机械化服务对玉米生产要素投入影响的稳健性检验

变量名	面板 SUR 估计结果			面板固定效应的估计结果		
	方程 (5-31) 机械投入 （对数）	方程 (5-32) 劳动力投入 （对数）	方程 (5-33) 化肥投入 （对数）	方程 (5-34) 机械投入 （对数）	方程 (5-35) 劳动力投入 （对数）	方程 (5-36) 化肥投入 （对数）
每千公顷耕地面积的乡村农机从业人员（对数）	0.7214*** (0.1363)	-0.0707** (0.0350)	-0.0850** (0.0349)	0.9898*** (0.1760)	-0.0578 (0.0420)	-0.1116*** (0.0386)
劳动力价格（对数）	1.0102*** (0.0938)	-0.2582*** (0.0222)	0.0404* (0.0208)	1.0345*** (0.0981)	-0.2507*** (0.0234)	0.0441** (0.0215)
化肥价格（对数）	0.0860 (0.2958)	0.2708*** (0.0704)	-0.5052*** (0.0657)	-0.1700 (0.3088)	0.2651*** (0.0737)	-0.5264*** (0.0677)

续表

变量名	面板 SUR 估计结果			面板固定效应的估计结果		
	方程 (5-31)	方程 (5-32)	方程 (5-33)	方程 (5-34)	方程 (5-35)	方程 (5-36)
	机械投入 (对数)	劳动力投入 (对数)	化肥投入 (对数)	机械投入 (对数)	劳动力投入 (对数)	化肥投入 (对数)
上一年玉米出售价格（对数）	0.0128 (0.2383)	0.1921*** (0.0585)	0.2060*** (0.0560)	0.2087 (0.2710)	0.1678** (0.0647)	0.1987*** (0.0594)
户均玉米种植面积（对数）	0.1410 (0.1724)	-0.1946*** (0.0508)	0.0336 (0.0521)	-0.7621*** (0.2652)	-0.2232*** (0.0633)	0.0248 (0.0582)
常数项	—	—	—	-5.6901*** (1.0741)	2.4170*** (0.2564)	3.3965*** (0.2355)
样本量	247	247	247	247	247	247
VIF 值区间	[1.45, 8.73]	[1.45, 3.73]	[1.45, 8.73]	[1.45, 3.73]	[1.45, 8.73]	[1.45, 3.73]

注：括号内的值为标准误；*、** 和 *** 分别表示 10%、5% 和 1% 的显著性水平。Stata 使用 "xtsur" 命令进行面板似不相关回归估计时不汇报常数项。

由表 5-8 可知，方程（5-25）的回归结果显示，农业机械化服务的供给水平对玉米每亩机械投入的边际影响系数为 0.5278，且通过了 1% 水平的显著性检验，这意味农业机械化服务供给水平对于玉米生产的机械投入具有促进作用。说明区域农业机械化服务的水平越高，农户获取玉米生产机械服务的交易成本越低，越倾向于增加机械费用投入。方程（5-26）的回归结果显示，农业机械化服务的供给水平对玉米每亩用工投入的边际影响系数为 -0.0690，且通过了 10% 水平的显著性检验，这意味着农业机械化服务供给水平对玉米生产用工投入具有负向作用。说明区域农业机械化服务供给水平越高，生产者通过购买机械服务替代人工作业越便利，从而越倾向于减少玉米生产的用工量。方程（5-27）的回归结果显示，农业机械化服务供给水平对玉米每亩化肥用量的边际影响为负，且通过了 1% 水平的显著性检验。陈苏等（2018）认为玉米生产的机械投入和化肥投入呈现明显替代关系，农业机械化服务供给水平的提高在一定程度增强了玉米生产者使用机械替代化肥的便利程度，因此农业机械化服务供给水平对玉米每亩化肥用量具有显著负向影响。

劳动力价格对玉米每亩机械投入的边际影响系数为 0.9989，且通过了

1%水平的显著性检验,这意味着劳动力价格上涨对于玉米机械投入具有正向促进作用,具体而言,劳动力价格每上涨1%,玉米每亩机械投入增加0.9989%。劳动力价格对玉米每亩用工投入的边际影响系数为-0.2565,且通过了1%水平的显著性检验,这意味着用工上涨对于玉米亩均用工投入具有负向影响,具体而言,劳动力价格每增加1%,玉米亩均用工投入减少0.2565%。劳动力价格对玉米亩均化肥用量的边际影响系数为0.0443,且通过了5%水平的显著性检验,这意味着劳动力价格上涨对玉米生产化肥用量具有正向促进作用,具体而言,劳动力价格每上涨1%,玉米亩均化肥用量增加0.0443%。劳动力价格上涨驱使理性的玉米生产者减少人工投入量,增加机械和化肥投入,这与郑旭媛和徐志刚(2017)的研究结论基本一致。

化肥价格对玉米每亩用工量的边际影响系数为正,且通过了1%水平的显著性检验,这意味着化肥价格上涨对玉米生产劳动力投入具有正向促进作用。化肥价格对玉米每亩化肥使用量的边际影响系数为负,且通过了1%水平的显著性检验,这意味着化肥价格上涨对于玉米生产化肥用量存在明显的抑制作用。另外,化肥价格对玉米机械投入的边际影响系数为正,但没有通过显著性检验。

上年度玉米销售价格对玉米每亩劳动力投入和化肥投入的边际影响系数为正,且均通过了1%水平的显著性检验。这意味着玉米价格上涨对玉米生产的劳动力投入和化肥投入具有正向激励作用。上年度玉米销售价格对玉米每亩机械投入的边际系数为正,但没有通过显著性检验,这表明玉米价格上涨对玉米生产机械投入的激励作用不显著。另外,户均玉米种植面积对玉米生产劳动力投入的边际影响系数为负,且通过了1%统计水平的显著性检验。

第四节 小 结

基于第四章中农业机械化服务对粮食生产要素投入的影响机理,本章分别利用稻谷主产区、小麦主产区和玉米主产区的面板数据,实证分析了农业机械化服务对稻谷、小麦和玉米3种粮食作物生产要素投入的影响。具体而言:

第一节利用2004~2016年全国23个稻谷主产区的面板数据实证研究了农业机械化服务对稻谷生产要素投入的影响。实证结果表明:农业机械化服务的供给水平对稻谷每亩机械投入具有显著正向影响,对稻谷每亩人工投入具有显著负向影响，对每亩化肥用量的影响不显著。区域农业机械化服务供给水平越高，农户获取稻谷生产机械服务的交易成本越低，通过购买机械服务替代人工作业越便利，从而越倾向于增加机械费用投入，减少稻谷生产的用工量。劳动力价格对稻谷每亩机械投入和化肥使用量具有正向促进作用，对稻谷每亩用工投入具有显著负向影响。劳动力价格上涨驱使理性的稻谷生产者减少人工投入量，增加机械和化肥投入。化肥价格上涨对稻谷每亩化肥投入具有显著负向影响，但对机械投入具有正向促进作用。稻谷价格的上涨对稻谷每亩用工投入和化肥投入均具有显著促进作用。

第二节利用 2004~2016 年全国 15 个小麦主产区的面板数据实证研究了农业机械化服务对小麦生产要素投入的影响。实证结果表明：农业机械化服务的供给水平对小麦每亩机械投入具有显著正向影响，对小麦每亩人工投入具有显著负向影响，但对每亩化肥用量的影响不显著。劳动力价格对小麦每亩机械投入和化肥使用量具有正向促进作用，对小麦每亩用工投入具有显著负向影响。化肥价格上涨对小麦每亩机械投入和人工投入具有正向促进作用。小麦价格上涨对小麦每亩机械投入和化肥投入具有显著正向影响。

第三节利用 2004~2016 年全国 19 个玉米主产区的面板数据实证研究了农业机械化服务对玉米生产要素投入的影响。实证结果表明：农业机械化服务的供给水平对玉米每亩机械投入具有促进作用，但对玉米每亩人工投入和化肥用量具有显著负向影响。区域农业机械化服务的供给水平越高，农户获取玉米生产机械服务的交易成本越低，玉米生产者使用机械替代人工和化肥的便利程度越高，从而越倾向于减少人工和化肥投入，增加机械投入。劳动力价格对玉米每亩机械投入和化肥使用量具有正向促进作用，对玉米每亩用工投入具有显著负向影响。化肥价格上涨对于玉米生产化肥用量存在明显的抑制作用，但对玉米生产劳动力投入具有正向促进作用。玉米价格上涨对玉米生产的劳动力投入和化肥投入具有正向促进作用。

第六章

农业机械化服务对粮食生产能力影响的实证研究

第一节 农业机械化服务对粮食总产能力的影响：基于全国省级面板数据和湖北县级面板数据的实证

一、基于全国省级面板数据的实证

(一) 模型构建与变量说明

学者们通常使用 C-D 生产函数来研究粮食生产能力的影响因素（肖海峰和王姣，2004；卢昆和郑风田，2007；王祖力和肖海峰，2008；刘丽辉和罗锋，2010；谢小蓉和李雪，2014；叶明华和庹国柱，2015；孙良顺，2016；卫龙宝等，2017；伍骏骞等，2017；李俊鹏等，2018）。粮食生产投入主要包括土地投入、机械投入、劳动力投入和化肥投入等。在借鉴相关研究的基础上，本书引入 C-D 生产函数模型构建计量模型来研究粮食总产能力的影响因素，旨在从省级层面考察农业机械化服务对粮食总产能力的影响，计量模型如下所示：

$$\ln y_{it} = \beta_0 + \beta_1 \ln m_{it} + \beta_2 \ln lab_{it} + \beta_3 \ln land_{it} + \beta_4 \ln f_{it} + \beta_5 dis_{it} + u_{it} \quad (6-1)$$

式 (6-1) 中，y_{it}、m_{it}、lab_{it}、$land_{it}$、f_{it}、dis_{it} 分别表示第 i 省份第 t 年的粮食总产能力、粮食生产机械投入、粮食生产劳动力投入、粮食种植面积、粮食生产化肥投入和农作物受灾程度。β 为待估参数，u 为随机干扰项。各研究变量的说明如下：

(1) 粮食总产能力。学者们通常使用粮食总产量来衡量粮食生产能力

(肖海峰和王姣，2004；彭克强和鹿新华，2010；刘丽辉和罗峰，2010；吕德宏等，2013；谢小蓉和李雪，2014），因此本书借鉴彭克强和鹿新华（2010）的观点，使用粮食总产量来衡量粮食总产能力。

（2）粮食生产机械投入。农业生产的机械投入通常使用农业机械动力来衡量（李谷成，2014；龚斌磊，2018）。事实上，农业机械动力不完全用于粮食生产，也有部分用于非粮食作物的生产，也有学者使用"农业机械总动力乘以粮食播种面积占农作物播种面积的比重"计算得到粮食生产机械动力投入（闵锐和李谷成，2012；范丽霞，2016；唐建等，2016）。杨进（2015）认为动力值只能体现农业机械的装备存量，而农业机械服务费用能体现农业机械化的使用量。因此，本书综合学者们的观点，分别使用粮食生产机械动力投入和农业机械化服务收入来衡量农业机械的装备存量和使用量。其中粮食生产机械动力投入等于农业机械总动力乘以粮食播种面积占农作物播种面积的比重；粮食生产农业机械化服务收入等于农机作业服务收入乘以粮食播种面积占农作物播种面积的比重。

（3）粮食生产劳动力投入。相关统计年鉴并没有从事粮食生产的劳动力人数的相关数据（何蒲明和娄方舟，2014），与粮食生产机械动力投入的计算方法类似，本书选用"第一产业人员数乘以粮食播种面积占农作物播种面积的比重"来衡量粮食生产劳动力投入。

（4）粮食生产土地投入。粮食播种面积是粮食生产土地投入的直接体现，因此本书选用粮食播种面积来体现粮食生产的土地投入。

（5）粮食生产化肥投入。与粮食生产机械动力投入的计算方法类似，本书选用"农用化肥使用量乘以粮食播种面积占农作物播种面积的比重"来衡量粮食生产化肥投入。

（6）农作物受灾程度。本书选用受灾面积占农作物播种面积的比重来衡量农作物受灾程度。

本书选择的研究数据是2004~2015年全国26个地区（北京、上海、天津、青海、西藏自治区以及港澳台地区部分数据缺失）的面板数据。需要说明的是，由于《中国统计年鉴》自2016年起对农业机械动力的统计口径进行了调整，为保持数据统计口径的一致性，所以没有将2016年纳入研究范围。各地区的粮食总产量、第一产业从业人员、农业机械总动力、农作物播种面积、粮食播种面积、农作物受灾面积、农用化肥使用量等数据均来源于2004~2016年的《中国统计年鉴》，各地区的农机作业服务收入均来源于2005~2016年的《中国农业机械工业年鉴》。需要指出的是，由于《中国农业机械工业年鉴》从2014年开始只提供农机服务总收入的数据,不提供农机作业服务的收入,本书通过"农机服务总收入乘以2013年农机作业服务收入占农机服务总收入的比重"计算得到2014年和2015年的农机作业服务收入。各地区的农机作业服务收入使用农机具价格指数折算为2004年的可比价格水平。各变量的描述性统计如表6-1所示。

表6-1　　　　　　　　　各变量的说明与描述统计

变量名	变量说明	样本量	均值	最小值	最大值
粮食总产能力	粮食总产量（单位：万吨）	312	2077.57	153.00	6324.00
粮食生产机械动力投入	农业机械总动力乘以粮食播种面积比重（单位：万千瓦）	312	2285.59	142.28	9072.84
粮食生产机械化服务收入	农机作业服务总收入乘以粮食播种面积比重（单位：亿元）	312	74.14	4.97	295.03
粮食生产劳动力投入	第一产业从业人员乘以粮食播种面积比重（单位：万人）	312	715.65	76.79	2104.33
粮食生产土地投入	粮食播种面积（单位：千公顷）	312	4140.20	375.60	11765.20
粮食生产化肥投入	农用化肥使用量乘以粮食播种面积占比（单位：万吨）	312	4.70	2.94	6.23
农作物受灾程度	农作物受灾面积与农作物播种面积之比	312	0.25	0.02	0.94

（二）实证结果分析与讨论

本书使用2004~2015年全国26个省份的面板数据和Stata12.0软件来实证研究粮食生产能力的影响因素,旨在考察农业机械化服务对粮食总产能力的影响,实证估计结果如表6-2所示。方程（6-1）和方程（6-2）中机械投入变量为粮食生产机械动力投入,方程（6-1）为面板固定效应模型的估计结果,方程（6-2）为面板随机效应模型的估计结果。方程（6-3）和方程（6-4）中机械投入变量为粮食生产机械服务收入,方程（6-3）为面板固定效应模型的估计结果,方程（6-4）为面板随机效应模型的估计结果。通过F检验和Hausman检验发现,固定效应的估计结果均优于混合回归和随机效应,所以本书仅讨论固定效应的估计结果。通过多重共线性检验发现,方程（6-1）和方程（6-3）中各变量的VIF最大值均小于10,可以认为不存在严重的多重共线性。同时对比方程（6-1）和方程（6-3）不难发现,各变量估计系数的符号和显著性没有发生明显变化,可以认为估计结果是稳健的。

表6-2　　农业机械化服务对粮食总产能力影响的估计结果（一）

变量	方程（6-1）（固定效应）	方程（6-2）（随机效应）	方程6-3（固定效应）	方程6-4（随机效应）
粮食生产机械动力投入（对数值）	0.0984*** (0.0290)	0.0854*** (0.0264)	—	—
粮食生产农机作业服务收入（对数值）	—	—	0.0435** (0.0175)	0.0520*** (0.0168)
粮食生产劳动力投入（对数值）	0.0211 (0.0459)	-0.0177 (0.0385)	-0.0329 (0.0403)	-0.0521 (0.0338)
粮食播种面积（对数值）	0.3780*** (0.0513)	0.3479*** (0.0459)	0.4412*** (0.0441)	0.3783*** (0.0391)
粮食生产化肥投入（对数值）	0.4372*** (0.0824)	0.5918*** (0.0614)	0.4816*** (0.0819)	0.6463*** (0.0568)
受灾程度	-0.2415*** (0.0254)	-0.2428*** (0.0256)	-0.2453*** (0.0256)	-0.2466*** (0.0259)
常数项	1.2634*** (0.4806)	0.4938 (0.3059)	1.5018*** (0.4752)	0.5506** (0.2765)
Hausman检验	13.27**	—	16.53***	—
F检验	104.13***	—	82.90***	—
VIF值区间	[1.16, 7.77]	[1.16, 7.77]	[1.18, 7.66]	[1.18, 7.66]
样本量	312	312	312	312

注：括号内的值为标准误；*、**和***分别表示10%、5%和1%的显著性水平。

由表6-2可知，机械动力投入对粮食总产能力的边际影响系数为0.0984，且通过了1%统计水平的显著性检验，这表明机械动力投入对粮食总产能力具有显著正向影响。方程（6-3）的估计结果显示，农机作业服务收入对粮食总产能力的边际影响系数为0.0435，且通过了5%统计水平的显著性检验，这表明农业机械化服务的发展对于粮食总产能力具有显著提升作用。方程（6-1）和方程（6-3）的估计结果均显示，劳动力投入对粮食总产能力的影响不显著，而粮食播种面积和化肥投入对粮食总产能力的边际影响系数均为正，且均通过了1%统计水平的显著性检验，这表明土地投入和化肥投入对粮食生产能力具有明显提升作用。另外，受灾程度对粮食总产能力的影响系数为负，且通过了1%统计水平的显著性检验，这表明自然灾害对粮食生产能力具有负向影响。

二、基于湖北县级面板数据的实证

(一) 模型构建与变量说明

与前文省级面板数据实证分析的研究一路，本书引入 C - D 生产函数模型构建计量模型，从县级层面考察农业机械化服务对粮食总产能力的影响，计量模型如下所示：

$$\ln y_{it} = \beta_0 + \beta_1 \ln m_{it} + \beta_2 \ln lab_{it} + \beta_3 \ln land_{it} + \beta_4 \ln f_{it} + u_{it} \quad (6-2)$$

式 (6-2) 中，y_{it}、m_{it}、lab_{it}、$land_{it}$ 和 f_{it} 分别表示第 i 县第 t 年的粮食总产能力、粮食生产机械投入、粮食生产劳动力投入、粮食种植面积和粮食生产化肥投入。β 为待估参数，u 为随机干扰项。式 (6-2) 中的粮食总产能力、粮食生产机械投入、粮食生产劳动力投入、粮食种植面积和粮食生产化肥投入等变量说明在前文已经详细介绍，此处就不一一赘述。

本书选择的研究数据是 2004~2015 年湖北省 70 个县 (市、区) 的面板数据。需要说明的是，由于《湖北农村统计年鉴》自 2016 年起对农业机械动力的统计口径进行了调整，为保持数据统计口径的一致性，所以没有将 2016 年纳入研究范围。另外，由于无法获取各县的农作物受灾面积相关数据，所以没有考虑农作物受灾程度这一研究变量。各县 (市、区) 的粮食总产量、第一产业从业人员、农业机械总动力、农作物播种面积、粮食播种面积、农用化肥使用量、农机作业服务收入等数据均来源于 2004~2016 年的《湖北农村统计年鉴》。需要指出的是，由于《湖北农村统计年鉴》从 2014 年开始只提供农机服务总收入的数据，不提供农机作业服务的收入，本书通过"农机服务总收入乘以 2013 年农机作业服务收入占农机服务总收入的比重"计算得到 2014 年和 2015 年的农机作业服务收入。各地区的农机作业服务收入使用农机具价格指数折算为 2004 年的可比价格水平。各变量的描述性统计如表 6-3 所示。

表 6-3　　　　　　　　各变量的说明与描述统计

变量名	变量说明	样本量	均值	最小值	最大值
粮食总产能力	粮食总产量 (单位：万吨)	840	34.75	5.43	146.20
粮食生产机械动力投入	农业机械总动力乘以粮食播种面积比重 (单位：万千瓦)	840	23.42	0.95	139.93

续表

变量名	变量说明	样本量	均值	最小值	最大值
粮食生产机械服务收入	农机作业服务总收入乘以粮食播种面积比重（单位：万元）	840	9697.64	143.46	85178.34
粮食生产劳动力投入	第一产业从业人员乘以粮食播种面积比重（单位：万人）	840	7.10	1.87	23.92
粮食生产土地投入	粮食播种面积（单位：千公顷）	840	58.73	9.61	203.98
粮食生产化肥投入	农用化肥使用量乘以粮食播种面积占比（单位：万吨）	840	2.36	0.17	14.33

（二）实证结果分析与讨论

本书使用2004~2015年湖北省70个县的面板数据和Stata12.0软件来实证研究粮食生产能力的影响因素，旨在考察农业机械化服务对粮食总产能力的影响，实证估计结果如表6-4所示。方程（6-5）和方程（6-6）中机械投入变量为粮食生产机械动力投入，方程（6-5）为面板固定效应模型的估计结果，方程（6-6）为面板随机效应模型的估计结果。方程（6-7）和方程（6-8）中机械投入变量为粮食生产机械服务收入，方程（6-7）为面板固定效应模型的估计结果，方程（6-8）为面板随机效应模型的估计结果。通过F检验和Hausman检验发现，固定效应的估计结果均优于混合回归和随机效应，所以本书仅讨论固定效应的估计结果。通过多重共线性检验发现，方程（6-5）和方程（6-7）中各变量的VIF最大值均小于10，可以认为不存在严重的多重共线性。同时对比方程（6-5）和方程（6-7）不难发现，各变量估计系数的符号和显著性没有发生明显变化，可以认为估计结果是稳健的。

表6-4 农业机械化服务对粮食总产能力影响的估计结果（二）

变量	方程（6-5）（固定效应）	方程（6-6）（随机效应）	方程（6-7）（固定效应）	方程（6-8）（随机效应）
粮食生产机械动力投入（对数值）	0.0283 ** (0.0132)	0.0273 ** (0.0137)	—	—
粮食生产农机作业服务收入（对数值）	—	—	0.0187 ** (0.0084)	0.0231 *** (0.0087)
粮食生产劳动力投入（对数值）	-0.0350 (0.0246)	0.0361 (0.0240)	-0.0370 (0.0241)	0.0371 (0.0232)

续表

变量	方程（6-5）（固定效应）	方程（6-6）（随机效应）	方程（6-7）（固定效应）	方程（6-8）（随机效应）
粮食播种面积（对数值）	0.6032*** (0.0357)	0.7167*** (0.0345)	0.6151*** (0.0328)	0.7189*** (0.0317)
粮食生产化肥投入（对数值）	0.0389** (0.0169)	0.0641*** (0.0170)	0.0421** (0.0165)	0.0650*** (0.0166)
常数项	0.9017*** (0.1303)	0.3137*** (0.1204)	0.7753*** (0.1326)	0.1807 (0.1235)
Hausman 检验	89.91***	—	87.86***	—
F 检验	64.44***	—	63.74***	—
VIF 值区间	[2.76, 6.07]	[2.76, 6.07]	[1.91, 4.43]	[1.91, 4.43]
样本量	840	840	840	840

注：括号内的值为标准误；*、** 和 *** 分别表示 10%、5% 和 1% 的显著性水平。

由表 6-4 可知，机械动力投入对粮食总产能力的边际影响系数为 0.0283，且通过了 5% 统计水平的显著性检验，这表明机械动力投入对粮食总产能力具有显著正向影响。农机作业服务收入对粮食总产能力的边际影响系数为 0.0187，且通过了 5% 统计水平的显著性检验，这表明农业机械化服务的发展对于提升湖北省粮食生产能力具有一定的积极作用。方程（6-5）和方程（6-7）的估计结果均显示，劳动力投入对粮食总产能力的影响不显著，而粮食播种面积和化肥投入对粮食总产能力的边际影响系数均为正，且均通过了 5% 统计水平的显著性检验，这表明土地投入和化肥投入对粮食生产能力具有明显的提升作用。

第二节 农业机械化服务对粮食单产能力的影响：基于稻谷、玉米和小麦的分类考察

一、农业机械化服务对稻谷单产能力影响的实证研究

（一）模型构建与变量说明

本书引入 C-D 生产函数模型构建计量模型来研究稻谷单产能力的影响因素，旨在实证考察每亩农业机械化服务费用对稻谷单产能力的影响。计量

模型如下所示：

$$\ln yr_{i,t} = \beta_0 + \beta_1 \ln mr_{i,t} + \beta_2 \ln lr_{i,t} + \beta_3 \ln fr_{i,t} + \beta_4 \ln kr_{i,t} + u_{i,t} \quad (6-3)$$

式（6-3），中 yr 表示稻谷单产能力，mr 表示稻谷每亩农业机械化服务费用，lr 表示稻谷每亩劳动力投入，fr 表示稻谷每亩化肥投入，kr 表示稻谷每亩其他成本；β 为待估参数，u 为随机干扰项。i 和 t 分别表示地区和时间。各研究变量的描述如下：

（1）稻谷单产能力。亩产通常是粮食单产水平的衡量标准，因此本书选取稻谷每亩主产品产量来衡量稻谷单产能力。

（2）稻谷每亩农业机械化服务费用。本书选用稻谷每亩租赁机械作业费用来衡量农业机械化服务费用作为核心解释变量。

（3）稻谷每亩劳动力投入。本书选用稻谷每亩用工量来衡量劳动力投入，其中每亩用工量等于自身用工量与雇工用工量之和。

（4）稻谷每亩化肥投入。本书选用稻谷每亩化肥用量来衡量每亩化肥投入。

（5）稻谷每亩其他成本。《全国农产品成本收益资料汇编》将稻谷生产成本分为人工成本和物质与服务成本，其中租赁机械费用和化肥费用均属于物质与服务成本。因此，本书选择扣除机械和化肥的每亩物质与服务费用来衡量稻谷每亩其他成本。

本书选择的研究数据是全国 23 个稻谷主产区 2004~2016 年的面板数据。稻谷每亩主产品产量、每亩租赁机械作业费用、每亩用工量、每亩化肥费用、每亩化肥用量和每亩物质与服务费用等数据均来源于 2005~2017 年《全国农产品成本收益资料汇编》。需要说明的是，《全国农产品成本收益资料汇编》分别记录了中籼稻、中粳稻、晚籼稻和粳稻 4 种稻谷作物的成本收益情况，因此本书将各主产区稻谷生产各项指标进行均值处理。涉及货币计量的单位的指标均折算为 2004 年的可比价格水平。各变量的说明和描述性统计如表 6-5 所示。

表 6-5　　　　　　　　各变量的说明与描述统计

变量名	变量说明	样本量	均值	最小值	最大值
稻谷单产能力	稻谷每亩主产品产量（单位：公斤）	299	491.44	273.30	717.11
稻谷每亩农业机械化服务费用	稻谷每亩租赁机械作业费用（单位：元）	299	84.26	0.00	208.47

续表

变量名	变量说明	样本量	均值	最小值	最大值
稻谷每亩劳动力投入	稻谷每亩用工量（单位：日）	299	9.90	3.03	25.69
稻谷每亩化肥投入	稻谷每亩化肥用量（单位：公斤）	299	22.55	13.59	39.62
稻谷每亩其他成本	扣除机械和化肥的稻谷每亩物质与服务费用（单位：元）	299	113.44	69.66	191.60

（二）实证结果分析与讨论

本书运用Stata12.0软件来估计农业机械化服务费用对稻谷单产能力的影响，估计结果如表6-6所示。方程（6-9）和方程（6-10）分别为面板固定效应和面板随机效应的估计结果。通过F检验和Hausman检验发现，固定效应的估计结果均优于混合回归和随机效应，所以本书仅讨论固定效应的估计结果。通过多重共线性检验发现，方程（6-9）中各变量的VIF最大值均小于10，可以认为不存在严重的多重共线性。

表6-6　农业机械化服务费用对稻谷单产能力影响的估计结果

变量	方程（6-9）（固定效应）	方程（6-10）（随机效应）
每亩租赁机械作业费用（对数）	0.0309*** (0.0081)	0.0327*** (0.0080)
每亩用工量（对数）	-0.0221 (0.0242)	-0.0127 (0.0234)
每亩化肥用量（对数）	0.2698*** (0.0366)	0.2631*** (0.0354)
每亩其他物质与服务成本（对数）	0.1371*** (0.0328)	0.1495*** (0.0322)
常数项	4.6262*** (0.1857)	4.5603*** (0.1788)
Hausman检验	8.44*	—
F检验	42.84***	—
VIF检验	[1.39, 2.59]	[1.39, 2.59]
样本量	299	299

注：括号内的值为标准误；*、**和***分别表示10%、5%和1%的显著性水平。另外，贵州和陕西部分年份的每亩机械租赁作业费用出现小于1元或等于0元的情况，取对数后会出现负值和缺失值，为方便实证分析，本书将对负值和缺失值均处理为0。

由表 6-6 的估计结果可知，每亩租赁农机作业费用对稻谷单产能力的边际影响系数为 0.0309，且通过了 1% 水平的显著性检验。稻谷每亩租赁机械作业费用每增加 1%，稻谷单产能力提升 0.0309%，这表明增加农业机械化服务费用对稻谷单产能力具有显著的提升作用。每亩用工量对稻谷单产能力的边际影响不显著。每亩化肥用量对稻谷单产能力的边际系数为正，且通过了 1% 水平的显著性检验，这表明化肥投入对稻谷单产能力具有显著提升作用。每亩其他物质与服务成本对稻谷单产能力的边际系数为正，且通过了 1% 水平的显著性检验，这表明其他物质与服务成本对稻谷单产能力具有显著提升作用。

二、农业机械化服务对小麦单产能力影响的实证研究

（一）模型构建与变量说明

本书引入 C-D 生产函数模型构建计量模型来研究小麦单产能力的影响因素，旨在实证考察每亩农业机械化服务费用对小麦单产能力的影响。计量模型如下所示：

$$lnyw_{i,t} = \beta_0 + \beta_1 lnmw_{it} + \beta_2 lnlw_{it} + \beta_3 lnfw_{it} + \beta_4 lnkw_{it} + u_{it} \quad (6-4)$$

式（6-4）中，yw 表示小麦单产能力，mw 表示小麦每亩农业机械化服务费用，lw 表示小麦每亩劳动力投入，fw 表示小麦每亩化肥投入，kw 表示小麦每亩其他成本；β 为待估参数，u 为随机干扰项，i 和 t 分别表示地区和时间。各研究变量的说明如下：

（1）小麦单产能力。亩产通常是粮食单产水平的衡量标准，因此本书选取小麦每亩主产品产量来衡量小麦单产能力。

（2）小麦每亩农业机械化服务费用。本书选用小麦每亩租赁机械作业费用来衡量农业机械化服务费用并作为核心解释变量。

（3）小麦每亩劳动力投入。本书选用小麦每亩用工量来衡量劳动力投入，其中每亩用工量等于自身用工量与雇工用工量之和。

（4）小麦每亩化肥投入。本书选用小麦每亩化肥用量来衡量每亩化肥投入。

（5）小麦每亩其他成本。《全国农产品成本收益资料汇编》将小麦生产成本分为人工成本和物质与服务成本，其中租赁机械费用和化肥费用均属于物质与服务成本。因此，本书选择扣除机械和化肥的每亩物质与服务费用来

衡量小麦每亩其他成本。

本书选择的研究数据是全国 15 个小麦主产区 2004~2016 年的面板数据。小麦每亩主产品产量、每亩租赁机械作业费用、每亩用工量、每亩化肥费用、每亩化肥用量和每亩物质与服务费用等数据均来源于 2005~2017 年《全国农产品生产成本资料汇编》。涉及货币计量的单位的指标均折算为 2004 年的可比价格水平。各变量的说明和描述性统计如表 6-7 所示。

表 6-7　　　　　　　　各变量的说明与描述统计

变量名	变量说明	样本量	均值	最小值	最大值
小麦单产能力	小麦每亩主产品产量（单位：公斤）	195	340.39	100.90	494.28
小麦每亩农业机械化服务费用	小麦每亩租赁机械作业费用（单位：元）	195	70.36	4.97	130.45
小麦每亩劳动力投入	小麦每亩用工量（单位：日）	195	6.12	0.26	14.18
小麦每亩化肥投入	小麦每亩化肥用量（单位：公斤）	195	22.50	10.09	37.42
小麦每亩其他成本	扣除机械和化肥的小麦每亩物质与服务费用（单位：元）	195	88.41	40.76	163.37

（二）实证结果分析与讨论

本书运用 Stata12.0 软件来估计农业机械化服务费用对小麦单产能力的影响，估计结果如表 6-8 所示。方程（6-11）和方程（6-12）分别为面板固定效应和面板随机效应的估计结果。通过 F 检验和 Hausman 检验发现，固定效应的估计结果均优于混合回归和随机效应，所以本书仅讨论固定效应的估计结果。通过多重共线性检验发现，方程（6-11）中各变量的 VIF 最大值均小于 10，可以认为不存在严重的多重共线性。

表 6-8　　　农业机械化服务费用对小麦单产能力影响的估计结果

变量	方程（6-11）（固定效应）	方程（6-12）（随机效应）
每亩租赁机械作业费用（对数）	0.0819*** (0.0247)	0.0762*** (0.0248)
每亩用工量（对数）	-0.0341 (0.0327)	-0.0510** (0.0244)
每亩化肥用量（对数）	0.2432*** (0.0742)	0.4041*** (0.0619)

续表

变量	方程（6-11）（固定效应）	方程（6-12）（随机效应）
每亩其他物质与服务成本（对数）	0.1141 ** (0.0466)	0.0275 (0.0424)
常数项	4.2691 *** (0.3067)	4.2119 *** (0.2083)
Hausman 检验	48.15 ***	—
F 检验	12.09 ***	—
VIF 检验	[1.36, 3.82]	[1.36, 3.82]
样本量	195	195

注：括号内的值为标准误；*、** 和 *** 分别表示 10%、5% 和 1% 的显著性水平。

由表 6-8 中方程（6-11）的估计结果可知，每亩租赁农机作业费用对小麦单产能力的边际影响系数为 0.0819，且通过了 1% 水平的显著性检验。说明小麦每亩租赁机械作业费用每增加 1%，小麦单产能力提升 0.0819%，这表明增加农业机械化服务费用对稻谷单产能力具有显著提升作用。每亩用工量对小麦单产能力的边际影响不显著。每亩化肥用量对小麦单产能力的边际系数为正，且通过了 1% 水平的显著性检验，这表明化肥投入对小麦单产能力具有显著提升作用。每亩其他物质与服务成本对小麦单产能力的边际系数为正，且通过了 5% 水平的显著性检验，这表明其他物质与服务成本对小麦单产能力具有显著提升作用。

三、农业机械化服务对玉米单产能力影响的实证研究

（一）模型构建与变量说明

本书引入 C-D 生产函数模型构建计量模型来研究玉米单产能力的影响因素，旨在实证考察每亩农业机械化服务费用对玉米单产能力的影响。计量模型如下所示：

$$\ln yc_{i,t} = \beta_0 + \beta_1 \ln mc_{i,t} + \beta_2 \ln lc_{i,t} + \beta_3 \ln fc_{i,t} + \beta_4 \ln kc_{i,t} + u_{i,t} \quad (6-5)$$

式（6-5）中，yc 表示玉米单产能力，mc 表示玉米每亩农业机械化服务费用，lc 表示玉米每亩劳动力投入，fc 表示玉米每亩化肥投入，kc 表示玉米每亩其他成本；β 为待估参数，u 为随机干扰项。i 和 t 分别表示地区和时

间。各研究变量的描述如下：

（1）玉米单产能力。亩产通常是粮食单产水平的衡量标准，因此本书选取玉米每亩主产品产量来衡量玉米单产能力。

（2）玉米每亩农业机械化服务费用。本书选用玉米每亩租赁机械作业费用来衡量农业机械化服务费用作为核心解释变量。

（3）玉米每亩劳动力投入。本书选用玉米每亩用工量来衡量劳动力投入，其中每亩用工量等于自身用工量与雇工用工量之和。

（4）玉米每亩化肥投入。本书选用玉米每亩化肥用量来衡量每亩化肥投入。

（5）玉米每亩其他成本。《全国农产品成本收益资料汇编》将玉米生产成本分为人工成本和物质与服务成本，其中租赁机械费用和化肥费用均属于物质与服务成本。因此，本书选择扣除机械和化肥的每亩物质与服务费用来衡量玉米每亩其他成本。

本书选择的研究数据是全国 19 个玉米主产区 2004～2016 年的面板数据。玉米每亩主产品产量、每亩租赁机械作业费用、每亩用工量、每亩化肥费用、每亩化肥用量和每亩物质与服务费用等数据均来源于 2005～2017 年《全国农产品成本收益资料汇编》。涉及货币计量的单位的指标均折算为 2004 年的可比价格水平。各变量的说明和描述性统计如表 6-9 所示。

表 6-9　　　　　　　　各变量的说明与描述统计

变量名	变量说明	样本量	均值	最小值	最大值
玉米单产能力	玉米每亩主产品产量（单位：公斤）	247	460.35	229.88	690.60
玉米每亩农业机械化服务费用	玉米每亩租赁机械作业费用（单位：元）	247	46.40	0	126.12
玉米每亩劳动力投入	玉米每亩用工量（单位：日）	247	8.97	2.69	20.90
玉米每亩化肥投入	玉米每亩化肥用量（单位：公斤）	247	22.92	12.82	33.85
玉米每亩其他成本	扣除机械和化肥的玉米每亩物质与服务费用（单位：元）	247	76.19	28.68	180.69

（二）实证结果分析与讨论

本书运用 Stata12.0 软件来估计农业机械化服务费用对玉米单产能力的影响，估计结果如表 6-10 所示。方程（6-13）和方程（6-14）分别为面板固定效应和面板随机效应的估计结果。通过 F 检验和 Hausman 检验发现，固定效应的估计结果均优于混合回归和随机效应，所以本书仅讨论固定效应的估计结果。通过多重共线性检验发现，方程（6-13）中各变量的 VIF 最大值均小于 10，可以认为不存在严重的多重共线性。

表 6-10　　农业机械化服务费用对玉米单产能力影响的估计结果

变量	方程（6-13）（固定效应）	方程（6-14）（随机效应）
每亩租赁机械作业费用（对数）	0.0224 ** (0.0088)	0.0268 *** (0.0086)
每亩用工量（对数）	-0.0757 (0.0481)	-0.0748 ** (0.0378)
每亩化肥用量（对数）	0.2220 *** (0.0642)	0.2254 *** (0.0562)
每亩其他物质与服务成本（对数）	0.0902 *** (0.0295)	0.0965 *** (0.0287)
常数项	5.1212 *** (0.2881)	5.0665 *** (0.2220)
Hausman 检验	16.24 **	—
F 检验	18.39 ***	—
VIF 检验	[1.51, 2.44]	[1.51, 2.44]
样本量	247	247

注：括号内的值为标准误；*、** 和 *** 分别表示 10%、5% 和 1% 的显著性水平。另外，重庆、贵州和四川部分年份的每亩机械租赁作业费用出现小于 1 元或等于 0 元的情况，取对数后会出现负值和缺失值，为方便实证分析，本书将对负值和缺失值均处理为 0。

由方程（6-13）的估计结果可知，每亩租赁农机作业费用对玉米单产能力的边际影响系数为 0.0224，且通过了 5% 统计水平的显著性检验。说明玉米每亩租赁机械作业每增加 1%，玉米单产能力提升 0.0224%，这表明增加农业机械化服务费用对玉米单产能力具有显著提升作用。每亩用工量对玉米单产能力的边际影响不显著。每亩化肥用量对玉米单产能力的边际系数为正，且通过了 1% 水平的显著性检验，这表明化肥投入对玉米单产能力具有显著提升作用。每亩其他物质与服务成本对玉米单产能力的边际系数为正，且通过了 1% 水平的显著性检验，这表明其他物质与服务成本对玉米单产能力具有显著提升作用。

第三节 小 结

第六章旨在从粮食总产能力和粮食生产能力两个方面实证研究农业机械化服务对粮食生产能力的影响。具体而言:

第一节分别利用全国省级面板数据和湖北县级面板数据实证分析了农业机械化服务对粮食总产能力的影响。全国省级面板数据和湖北县级面板数据的实证结果均显示,农机作业服务收入对粮食总产能力的边际影响显著为正,这表明农业机械化服务的发展对于提升粮食总产能力具有一定的积极作用。此外,劳动力投入对粮食总产能力的影响不显著,而土地投入和化肥投入对粮食总产能力具有明显的提升作用。

第二节分别利用稻谷、小麦和玉米主产区的面板数据实证考察了农业机械化服务对稻谷、小麦和玉米单产能力的影响。实证结果显示,每亩租赁机械作业费用对稻谷、小麦和玉米单产能力的边际影响均显著为正,这意味着农业机械化服务的发展有利于提升粮食单产能力。每亩用工量对稻谷、小麦和玉米单产能力的边际影响不显著。每亩化肥用量和其他物质服务费用对稻谷、小麦和玉米单产能力的边际影响显著为正。

第七章

农业机械化服务对粮食生产效率影响的实证研究

——以稻谷、玉米和小麦为例

第一节 粮食生产效率的测度与分析

一、粮食生产效率的测度模型构建

粮食生产效率一直是学术界关注的热点话题。现有文献关于粮食生产效率的测算大致可以分为两种思路：第一种思路是采用 DEA 及其拓展出来的相关方法，通过对优化方程求解得到粮食生产效率（闵锐和李谷成，2012；朱满德等，2015；范丽霞，2016；江松颖等，2016；高鸣和宋洪远，2017；郭斯华和季凯文，2018）。另外一种思路则是将艾格纳等（Aigner et al.，1986）和迈森等（Meeusen et al.，1993）提出来的随机前沿模型引入粮食生产函数，然后通过计算得到粮食生产效率（亢霞和刘秀梅，2005；黄金波和周先波，2010；杨万江和李琪，2016；彭代彦和文乐，2016；胡逸文和霍学喜，2016；孙顶强等，2016；曾雅婷等，2018；胡祎和张正河，2018）。

相比 DEA 方法而言，随机前沿模型能够与粮食生产函数有机融合，这种方法更加富有经济学内涵。常见的粮食生产函数有 C–D 生产函数和超越对数生产函数等类型。有学者认为 C–D 生产函数比超越对数生产函数更加适合来描述中国农业生产（Lin，1992；万广华和程恩江，1996），因为超越对数生产函数虽然灵活，但存在严重的多重共线性问题（杨万江和李琪，2016）。综上所述，本书借鉴杨万江和李琪（2017）的思路，选用 C–D 生产函数形式，并运用前沿方法来测算粮食生产效率，测算方法如下所示：

$$\ln y_{i,j,t} = \beta_0 + \beta_1 Lnm_{i,j,t} + \beta_2 Lnl_{i,j,t} + \beta_3 Lnf_{i,j,t} + \beta_4 Lnk_{i,j,t} + v_{i,j,t} - u_{i,j,t} \tag{7-1}$$

式（7-1）中，$y_{i,j,t}$、$m_{i,j,t}$、$l_{i,j,t}$、$f_{i,j,t}$、$k_{i,j,t}$ 分别表示第 i 省份第 j 种粮食作物第 t 年的每亩产量、每亩机械投入、每亩劳动力投入、每亩化肥投入和每亩其他物质成本投入，β 为待估参数。v 和 u 分别为随机误差项和技术非效率项。粮食生产效率可以表示为：

$$Te_{i,j,t} = \frac{E[y_{i,j,t} \mid u_{i,j,t},(m_{i,j,t},l_{i,j,t},f_{i,j,t},k_{i,j,t})]}{E[y_{i,j,t} \mid u_{i,j,t}=0,(m_{i,j,t},l_{i,j,t},f_{i,j,t},k_{i,j,t})]} \tag{7-2}$$

式（7-2）中等号右边的分子 $E[y_{i,j,t} \mid u_{i,j,t},(m_{i,j,t},l_{i,j,t},f_{i,j,t},k_{i,j,t})]$ 表示粮食亩产的实际期望值，分母 $E[y_{i,j,t} \mid u_{i,j,t}=0,(m_{i,j,t},l_{i,j,t},f_{i,j,t},k_{i,j,t})]$ 则表示不存在技术效率损失时的期望值。Te 表示粮食生产效率，值域为 [0, 1]。

二、稻谷生产效率的测度结果与分析

参照前文的测算方法，本书使用 2004~2016 年 23 个稻谷主产区的面板数据来测算稻谷生产效率。各地区的稻谷每亩产量、租赁机械作业费用、用工量、化肥用量和其他物质成本等指标数据均来源于 2004~2017 年的《全国农产品成本收益资料汇编》。由于各变量的描述性统计在上一章节已经涉及，所以本章就不再赘述。本书用 Frontier 4.1 软件完成对稻谷生产函数的 MLE 估计，稻谷生产函数的 MLE 估计结果和稻谷生产效率测算结果分别如表 7-1 和表 7-2 所示。

表 7-1　　　　　　　　水稻生产函数的 MLE 估计结果

变量	系数	标准误	T 值
常数项	4.7825***	0.1583	30.2134
每亩机械租赁作业费用（对数值）	0.0314***	0.0076	4.1495
每亩用工量（对数值）	0.0012	0.0239	0.0499
每亩化肥用量（对数值）	0.2575***	0.035	7.3655
每亩其他物质成本（对数值）	0.1328***	0.0319	4.1563
γ	0.9200***	0.0734	12.5292
对数似然值	376.1384		
LR 检验值	343.5579		

注：*、**和***分别表示10%、5%和1%的显著性水平。

表7-2　　　　2004~2016年23个稻谷主产区的稻谷生产效率值

地区	2004年	2008年	2012年	2016年	平均
陕西	0.9884	0.9886	0.9888	0.9889	0.9887
云南	0.9789	0.9792	0.9795	0.9798	0.9794
四川	0.9768	0.9772	0.9775	0.9778	0.9773
重庆	0.9558	0.9565	0.9571	0.9578	0.9568
黑龙江	0.9543	0.9550	0.9556	0.9563	0.9553
河北	0.9454	0.9462	0.9470	0.9477	0.9466
吉林	0.9342	0.9352	0.9361	0.9371	0.9357
辽宁	0.9062	0.9075	0.9088	0.9101	0.9082
河南	0.8993	0.9008	0.9022	0.9036	0.9015
贵州	0.8928	0.8943	0.8958	0.8973	0.8951
宁夏回族自治区	0.8918	0.8933	0.8949	0.8963	0.8941
内蒙古自治区	0.8899	0.8915	0.8930	0.8945	0.8922
江苏	0.8716	0.8734	0.8752	0.8769	0.8743
山东	0.8657	0.8676	0.8694	0.8713	0.8685
湖北	0.8604	0.8623	0.8642	0.8661	0.8633
湖南	0.8275	0.8298	0.8322	0.8344	0.8310
安徽	0.8257	0.8281	0.8304	0.8328	0.8293
浙江	0.8033	0.8059	0.8085	0.8111	0.8072
福建	0.7974	0.8001	0.8028	0.8054	0.8015
江西	0.7558	0.7590	0.7621	0.7652	0.7605
广东	0.7304	0.7338	0.7373	0.7406	0.7355
广西壮族自治区	0.6671	0.6712	0.6752	0.6792	0.6732
海南	0.6199	0.6243	0.6287	0.6331	0.6265
平均	0.8626	0.8644	0.8662	0.8680	0.8653

资料来源：由Frontier 4.1的计算结果整理得到。

从表7-1的估计结果中可以看出，每亩机械租赁费用、每亩化肥用量和每亩其他物质成本对每亩稻谷产量的边际效应为正，且通过了1%水平的显著性检验。每亩用工量对稻谷产量的边际影响不显著，这与第六章的结论基本一致。另外，技术无效率项 γ 的系数为 0.92，且通过了 1% 水平的显著性检验，这表明管理误差占符合误差的比率达到 92%。

由表 7-2 可知，我国稻谷生产效率值整体上呈现增长趋势，但同时也存在比较大的区域差异。全国稻谷生产效率平均值从 2004 年的 0.8626 增长到 2016 年的 0.8680，23 个主产区的稻谷生产效率有不同程度的提升。但从稻谷生产效率值的区域差异来看，南方传统稻区稻谷生产效率值普遍低于北方稻区，南方稻区中的湖北、湖南、安徽、浙江、福建、江西、广东、广西壮族自治区和海南的稻谷生产效率值均低于全国平均水平。这表明一方面，这些地区的稻谷生产要素投入存在较大程度的冗余；另一方面，这些地区的稻谷生产效率还存在较大的提升空间。

三、小麦生产效率的测度结果与分析

参照前文的测算方法，本书使用 2004~2016 年 15 个小麦主产区的面板数据来测算小麦生产效率。各地区的小麦每亩产量、租赁机械作业费用、用工量、化肥用量和其他物质成本等指标数据均来源于 2004~2017 年的《全国农产品成本收益资料汇编》。由于各变量的描述性统计在上一章节已经涉及，所以本章就不再赘述。本书用 Frontier 4.1 软件完成对小麦生产函数的 MLE 估计，小麦生产函数的估计结果和小麦生产效率测算结果分别如表 7-3 和表 7-4 所示。

表 7-3　　　　　　　　小麦生产函数的 MLE 估计结果

变量	系数	标准误	T 值
常数项	4.3965***	0.2736	16.0680
每亩机械租赁作业费用（对数值）	0.0877***	0.0296	2.9631
每亩用工量（对数值）	-0.0398	0.0268	-1.4842
每亩化肥用量（对数值）	0.3176***	0.0716	4.4369
每亩其他物质成本（对数值）	0.0789*	0.0475	1.6600
γ	0.7309***	0.1324	5.5200
对数似然值	173.2299		
LR 检验值	72.8430		

注：*、** 和 *** 分别表示 10%、5% 和 1% 的显著性水平。

表7-4　　　　　2004~2016年15个产区的小麦生产效率值

地区	2004	2008	2012	2016	平均
河南	0.9749	0.9745	0.9740	0.9735	0.9742
山东	0.9291	0.9278	0.9265	0.9251	0.9271
安徽	0.9157	0.9141	0.9126	0.9110	0.9133
河北	0.8911	0.8892	0.8872	0.8852	0.8882
江苏	0.8839	0.8819	0.8798	0.8776	0.8808
新疆维吾尔自治区	0.8720	0.8697	0.8674	0.8651	0.8686
湖北	0.8553	0.8527	0.8501	0.8475	0.8514
陕西	0.8189	0.8157	0.8126	0.8094	0.8142
四川	0.7829	0.7792	0.7755	0.7718	0.7774
甘肃	0.7802	0.7765	0.7728	0.7690	0.7746
黑龙江	0.7698	0.7659	0.7620	0.7581	0.7640
内蒙古自治区	0.7500	0.7459	0.7417	0.7375	0.7438
山西	0.7077	0.7031	0.6984	0.6936	0.7007
宁夏回族自治区	0.6991	0.6944	0.6895	0.6847	0.6919
云南	0.6438	0.6384	0.6330	0.6275	0.6357
平均	0.8183	0.8153	0.8122	0.8091	0.8137

资料来源：由 Frontier 4.1 的计算结果整理得到。

从表7-3的估计结果中可以看出，每亩机械租赁费用和每亩化肥用量对每亩小麦产量的边际效应为正，且通过了1%水平的显著性检验。另外，技术无效率项γ的系数为0.7309，且通过了1%水平的显著性检验，这表明管理误差占符合误差的比率达到73.09%。

由表7-4可知，我国小麦生产效率值整体上呈现递减趋势，但同时也存在比较大的区域差异，河南、山东、安徽、河北、江苏等小麦生产大省的小麦生产效率普遍较高。全国小麦生产效率平均值从2004年的0.8183下降到2016年的0.8091，这表明我国小麦生产的效率损失从18.17%扩大到了19.09%。另外，15个主产区的小麦生产效率均有不同程度的下降。从区域差异来看，小麦生产效率较低的地区是宁夏回族自治区和云南，这两个省份2004~2016年小麦生产效率的均值分别0.6919和0.6357，均低于0.7；而小麦生产效率较高的地区是河南、山东、安徽、河北和江苏5个主产区，这5

个主产区的小麦生产效率一直位居前列,2016年这5个主产区的小麦播种面积和小麦总产量分别占全国的67.17%和75.67%。

四、玉米生产效率的测度结果与分析

参照前文的测算方法,本书使用2004～2016年19个玉米主产区的面板数据来测算玉米生产效率。各地区的玉米每亩产量、租赁机械作业费用、用工量、化肥用量和其他物质成本等指标数据均来源于2004～2017年的《全国农产品成本收益资料汇编》。由于各变量的描述性统计在上一章节已经涉及,所以本章就不再赘述。本书用Frontier 4.1软件完成对玉米生产函数的MLE估计,玉米生产函数的估计结果和玉米生产效率测算结果分别如表7-5和表7-6所示。

表7-5　　　　　　　　玉米生产函数的MLE估计结果

变量	系数	标准误	T值
常数项	5.3410***	0.2468	21.6412
每亩机械租赁作业费用(对数值)	0.0381***	0.0113	3.3578
每亩用工用量(对数值)	-0.0195	0.0500	-0.3887
每亩化肥用量(对数值)	0.2010***	0.0574	3.4995
每亩其他物质成本(对数值)	0.0796***	0.0298	2.6708
γ	0.6998***	0.0573	12.2125
对数似然值	234.6036		
LR检验值	151.9773		

资料来源:由Frontier 4.1的计算结果整理得到。

表7-6　　　　　2004～2016年19个玉米产区的玉米生产效率值

地区	2004	2008	2012	2016	平均
新疆维吾尔自治区	0.9681	0.9692	0.9703	0.9713	0.9697
甘肃	0.8645	0.8689	0.8731	0.8772	0.8709
山西	0.8637	0.8681	0.8724	0.8765	0.8702
宁夏回族自治区	0.8040	0.8101	0.8160	0.8218	0.8130
吉林	0.7973	0.8036	0.8097	0.8156	0.8066

续表

地区	2004	2008	2012	2016	平均
内蒙古自治区	0.7784	0.7852	0.7918	0.7982	0.7885
河北	0.7723	0.7792	0.7860	0.7926	0.7825
山东	0.7654	0.7725	0.7795	0.7862	0.7760
河南	0.7645	0.7716	0.7786	0.7854	0.7751
黑龙江	0.7517	0.7592	0.7664	0.7735	0.7627
重庆	0.7451	0.7527	0.7602	0.7674	0.7564
安徽	0.7269	0.7350	0.7429	0.7506	0.7389
辽宁	0.7100	0.7185	0.7267	0.7348	0.7225
四川	0.6886	0.6975	0.7063	0.7148	0.7018
江苏	0.6690	0.6784	0.6876	0.6966	0.6829
陕西	0.6684	0.6777	0.6869	0.6959	0.6823
湖北	0.6556	0.6652	0.6747	0.6839	0.6699
云南	0.6303	0.6405	0.6504	0.6602	0.6454
贵州	0.6041	0.6148	0.6252	0.6355	0.6199
平均	0.7488	0.7562	0.7634	0.7704	0.7597

从表7-5的估计结果中可以看出，每亩机械租赁作业费用、每亩化肥用量和其他物质成本对每亩玉米产量的边际效应为正，且均通过了1%统计水平的显著性检验。另外，技术无效率项γ的系数为0.6998，且通过了1%水平的显著性检验，这表明管理误差占符合误差的比率达到69.98%。

由表7-6可知，我国玉米生产效率值整体上呈现增长趋势，但同时也存在比较大的区域差异，北方省份的玉米生产效率普遍高于南方省份。全国玉米生产效率的平均值从2004年的0.7488增长到2016年的0.7704，这意味着我国玉米生产的效率损失从2004年的25.12%减少到2016年的22.96%。另外，19个主产区的玉米生产效率均有不同程度的提升。从区域差异来看，玉米生产效率较低的地区是江苏、陕西、湖北、云南和贵州，这5个省份在2004~2016年玉米生产效率的均值分别0.6829、0.6823、0.6699、0.6454和0.6199，均低于0.7；而玉米生产效率最高的3个地区是新疆维吾尔自治区、甘肃和山西，这3个地区在2004~2016年玉米生产效率的均值分别为0.9697、0.8709和0.8702，均高于0.85。

第二节 农业机械化服务对稻谷生产效率的影响
——基于全国23个稻谷主产区面板数据的实证分析

一、模型构建与变量说明

（一）模型构建

稻谷生产效率的取值在0到1之间，并且是右侧截尾分布。学者们在研究粮食生产效率的影响因素时通常采用Tobit模型来展开实证研究。本书借鉴胡祎和张正河（2018）的研究思路，运用面板Tobit模型来实证研究农业机械化服务对稻谷生产效率的影响。回归模型如下所示：

$$Ter_{i,t} = \beta_0 + \beta_1 Mc_{i,t} + \beta_2 \ln Edu_{i,t} + \beta_3 \ln Landr_{i,t} + \beta_4 Dis_{i,t} + \beta_5 Irr_{i,t} + u_{i,t}$$
(7-3)

式（7-3）中，Ter表示稻谷生产效率，Mc表示农业机械化服务水平，Edu表示农民受教育程度，Landr表示农户稻谷经营规模，Dis表示农作物受灾率，Irr表示农作物有效灌溉率；β为待估参数，u为随机干扰项。

（二）变量说明

在实证研究农业机械化服务对稻谷生产效率的影响时，稻谷生产效率是被解释变量，农业机械化服务水平是核心解释变量。另外本书借鉴相关文献，选取农民受教育程度、农户稻谷种植规模、农作物受灾率和农作物有效灌溉率为控制变量。各研究变量的描述如下：

（1）稻谷生产效率。本章第一节中通过Frontier 4.1软件计算得到各稻谷主产区的稻谷生产效率，在这一节内容中作为被解释变量。

（2）农业机械化服务水平。农业机械化服务水平可以从供给水平和利用水平两个维度来衡量。本书的第四章和第六章都是从供给能力维度出发来衡量农业机械化服务水平。考虑量纲大小问题，本章选取"每公顷农作物播种面积的乡村农机从业人员数"来衡量区域农业机械化服务的供给水平。周宏等（2014）和王全忠等（2015）选取"农机作业费用占机械作业与畜力作业费用之和的比重"来衡量农机服务利用水平，而胡祎和张正河（2018）则选用"农机服务费用与用工量之比的对数值"来衡量农机服务利用水平。综合学者们的观点,同时考虑到在《全国农产品成本收益资料汇编》中"租赁机械作业费用"被归为"物质与服务费用",因此本书选用"租赁机械作业费用占物质与服务费用之比"来衡量农业机械化服务的利用水平。根据研究假设,本书预期农业机械化服务供给水平和利用水平均对稻谷生产效率具有正向提升作用。

（3）农民受教育程度。大量研究表明,农民受教育程度对粮食生产效率具有显著提升作用（彭代彦和文乐,2015；成德林和杨敏,2015；朱满德等,2015；唐建等,2016；曾雅婷等,2018；胡祎和张正河,2018）。因此本书选取农民受教育程度作为控制变量,并采用农民平均受教育年限来衡量受教育程度,在实证分析时将农民平均受教育年限进行对数化处理。农民平均受教育年限的计算公式为：

$$Edu = \frac{prs \times 6 + jms \times 9 + sms \times 12 + jc \times 15}{people} \quad (7-4)$$

式（7-4）中,Edu 表示农民平均受教育年限,people 表示乡村 6 岁及以上抽样人口,prs 表示小学学历人口数,jms 表示初中学历人口数,sms 表示高中学历人口数,jc 表示大专及以上学历人口数。另外需要说明的是,在实证研究农业机械化服务利用水平对稻谷生产效率的影响时,本书选用"初中以上农村人口占比"来衡量农村居民受教育程度作为控制变量。

（4）农户种植经营规模。经营规模与粮食生产效率的关系一直也是学者们讨论的热点话题（张忠明和钱文荣,2010；欧阳金琼和王雅鹏,2014；朱满德等,2015；张利国和鲍丙飞,2016；唐建等,2016；曾雅婷等,2018；郭斯华和季凯文,2018；胡祎和张正河,2018；张瑞娟和高鸣,2018；朱丽娟和王志伟,2018）,但尚未形成统一结论。因此本书选择农户稻谷经营规模作为控制变量,其中农户稻谷经营规模等于稻谷播种面积除以乡村农户数。

（5）农作物受灾率。相关研究表明,自然灾害会对粮食生产造成不利影响（孙良顺,2016）,进而会影响到粮食生产效率（成德林和杨敏,2015；麦尔旦·吐尔孙,2015；彭代彦和文乐,2016；黄晨鸣和朱臻,2018；赵丽平等,2018）。因此本书选取农作物受灾率作为控制变量,并预期其对粮食生产效率具有负向影响。其中农作物受灾率等于农作物受灾面积与农作物播种面积之比。

（6）农作物有效灌溉率。相关研究表明,有效灌溉有助于提升粮食生产效率（曾福生和高鸣,2012；麦尔旦·吐尔孙等,2015；朱满德等,2015；

江东坡等，2017；赵丽平等，2018；朱丽娟和王志伟，2018）。因此本书选择有效灌溉率作为控制变量，并预期其对粮食生产效率具有正向影响，其中有效灌溉率等于有效灌溉面积与农作物播种面积之比。

　　本书重点关注农机购置补贴政策背景下农业机械化服务对稻谷生产效率的影响，因此选择的研究数据是稻谷主产区2004~2016年的面板数据。各稻谷主产区的乡村农机从业人员相关数据来源于2005~2017年的《中国农业机械工业年鉴》。稻谷每亩机械租赁作业费用、物质与服务费用等数据来源于2005~2017年的《全国农产品成本收益资料汇编》。各稻谷主产区的乡村6岁及以上抽样人口学历相关数据来源于2005—2017年的《中国人口和就业统计年鉴》。各稻谷主产区的农作物播种面积、乡村户数、稻谷播种面积、农作物受灾面积、有效灌溉面积等数据均来源于2005~2017年的《中国农村统计年鉴》和各省统计年鉴。部分数据存在缺失值的，按照相近年份均值进行替代。各变量的描述性统计如表7-7所示。

表7-7　　　　　　　　各变量的说明与描述

变量名	变量说明	样本量	均值	最小值	最大值
稻谷生产效率	通过Frontier 4.1软件计算得到	299	0.8653	0.6199	0.9889
农业机械化服务供给水平	每公顷农作物播种面积的乡村农机从业人员	299	0.2928	0.0768	0.6356
农业机械化服务利用水平	机械租赁作业费用占物质与服务费用之比	299	0.2464	0.0000	0.4737
农民受教育程度	农村居民平均受教育年限（年）	299	7.3674	5.6238	8.2167
农民受教育程度	初中文化以上的农村人口占比	299	0.5249	0.2553	0.6959
农户稻谷经营规模	户均稻谷播种面积（亩）	299	2.1048	0.0733	9.2377
农作物受灾率	农作物受灾面积与播种面积之比	299	0.2291	0.0156	0.9357
农作物有效灌溉率	有效灌溉面积与播种面积之比	299	0.3585	0.1476	0.6359

二、实证结果分析与讨论

　　本书运用Stata12.0软件和面板Tobit模型来估计农业机械化服务对稻谷生产效率的影响，估计结果如表7-8所示。方程（7-1）为农业机械化服务供给水平对稻谷生产效率的估计结果，方程（7-2）为农业机械化服务利用水平对稻谷生产效率的估计结果。通过VIF检验发现，方程（7-1）和方程（7-2）中各变量的 VIF 值均小于 10，不存在严重的多重共线性。通过 LR 检验发现，方程（7-1）和方程（7-2）均存在个体效应，适合选择面板 Tobit 随机效应模型进行估计。

表7-8　农业机械化服务对稻谷生产效率影响的估计结果

变量	方程（7-1）	方程（7-2）
农业机械化服务供给水平 （每公顷播种面积的乡村农机从业人员）	0.0191*** (0.0015)	—
农业机械化服务利用水平 （租赁机械作业费用占物质与服务费用之比）	—	0.0057*** (0.0019)
农民受教育程度 （农村居民平均受教育年限的对数值）	-0.0052** (0.0023)	—
农民受教育程度 （初中文化以上的农村居民占比）	—	-0.0068*** (0.0025)
农户稻谷经营规模 （户均稻谷播种面积的对数值）	-0.0416*** (0.0003)	-0.0160*** (0.0003)
农作物受灾率 （受灾面积/农作物播种面积）	-0.0075*** (0.0011)	-0.0057*** (0.0012)
农作物有效灌溉率 （有效灌溉面积/农作物播种面积）	0.0132*** (0.0019)	0.0751*** (0.0020)
常数项	0.9744*** (0.0044)	0.8964*** (0.0016)
VIF 值区间	[1.15, 1.36]	[1.15, 1.52]
LR 检验	1890.76***	1806.82***
样本量	299	299

注：括号内的值为标准误；*、**和***分别表示10%、5%和1%的显著性水平。

从表7-8的估计结果中不难看出，农业机械化服务供给水平对稻谷生产效率的影响系数为正，且通过了1%水平的显著性检验。农业机械化服务利用水平对稻谷生产效率的影响系数也为正，也通过了1%水平的显著性检验。这意味着无论是从供给水平来看，还是从利用水平来看，农业机械化服务对稻谷生产效率均具有显著提升作用，验证了本书的研究假设，也与周宏等（2014）的结论基本一致。这说明农业机械化服务供给水平越高，稻谷种植户获取机械化服务越便捷,越容易卷入分工经济;农业机械化服务利用水平可以理解为稻谷种植户卷入分工经济的程度,农业机械化服务利用水平越高,稻谷种植户卷入分工经济的程度越高。随着农业机械化服务市场日趋成熟,农户将更多的稻谷生产环节外包给专业化的农机服务组织进行机械化作业,从而提升了稻谷生产效率(孙顶强等,2016;杨万江和李琪,2017)。

从控制变量的估计结果来看,方程(7-1)和方程(7-2)的结果均显示农村居民平均受教育年限对水稻生产效率的边际影响系数为负,且分别通过了5%和1%统计水平的显著性检验。方程(7-1)的估计结果显示,农户种植经营规模对稻谷生产效率具有显著负向影响。方程(7-1)和方程(7-2)的估计结果显示,农作物受灾率对稻谷生产效率的影响系数为负,且均通过了1%统计水平的显著性检验,这表明农作物受灾率会降低稻谷生产效率,与本书的研究预期基本一致。方程(7-1)和方程(7-2)的估计结果均显示,有效灌溉率对稻谷生产效率的影响系数为正,且通过了1%统计水平的显著性检验。这表明有效灌溉率对稻谷生产效率具有提升作用,符合本书的研究预期。

第三节 农业机械化服务对小麦生产效率的影响
——基于全国15个小麦主产区
面板数据的实证分析

一、模型构建与变量说明

(一) 模型构建

参照前文实证研究农业机械化服务对稻谷生产效率影响的基本思路,本书借鉴胡祎和张正河(2018)的研究方法,运用面板 Tobit 模型来实证研究农业机械化服务对小麦生产效率的影响。回归模型如下所示:

$$\text{Tew}_{i,t} = \beta_0 + \beta_1 \text{Mc}_{i,t} + \beta_2 \ln\text{Edu}_{i,t} + \beta_3 \ln\text{Landw}_{i,t} + \beta_4 \text{Dis}_{i,t} + \beta_5 \text{Irr}_{i,t} + u_{i,t}$$
$$(7-5)$$

式(7-5)中,Tew 表示小麦生产效率,Mc 表示农业机械化服务水平,Edu 表示农民受教育程度,Landw 表示农户小麦种植规模,Dis 表示农作物受灾率,Irr 表示农作物有效灌溉率;β 为待估参数,u 为随机干扰项。

(二) 变量说明

在实证研究农业机械化服务对小麦生产效率的影响时,小麦生产效率是被解释变量,农业机械化服务水平是核心解释变量。另外本书借鉴相关文献,选取农民受教育程度、农户小麦种植规模、农作物受灾率和农作物有效灌溉率为控制变量。各地区的小麦生产效率值在本章第一节已经通过 Frontier 4.1 软件计算得到。农民受教育程度、农作物受灾率和有效灌溉率的变量说明在上一节已经介绍,本节不再赘述。

本书重点关注农机购置补贴政策背景下农业机械化服务对小麦生产效率的影响,因此选择的研究数据是 15 个小麦主产区 2004~2016 年的面板数据。各小麦主产区的乡村农机从业人员相关数据来源于 2005~2017 年的《中国农业机械工业年鉴》。各小麦主产区的小麦每亩租赁机械作业费用、物质与服务费用等数据来源于 2005~2017 年的《全国农产品成本收益资料汇编》。各小麦主产区的乡村 6 岁及以上抽样人口学历相关数据来源于 2005~2017 年的《中国人口和就业统计年鉴》。各小麦主产区的农作物播种面积、小麦播种面积、乡村户数、农作物受灾面积和有效灌溉面积等数据均来源于 2005~2017 年的《中国农村统计年鉴》和各省统计年鉴。各变量的描述性统计如表 7-9 所示。

表 7-9 各变量的说明与描述

变量名	变量说明	样本量	均值	最小值	最大值
小麦生产效率	通过 Frontier 4.1 软件计算得到	195	0.8137	0.6275	0.9749
农业机械化服务供给水平	每公顷农作物播种面积的乡村农机从业人员	195	0.3027	0.0768	0.6356
农业机械化服务利用水平	小麦每亩机械租赁作业费用占物质与服务费用之比	195	0.2525	0.0405	0.3965
农民受教育程度	农村居民平均受教育年限(年)	195	7.3580	5.6238	8.5175
农民受教育程度	初中文化以上的农村人口占比	195	0.5310	0.2553	0.6990
农户小麦种植规模	户均小麦播种面积(亩)	195	2.2849	0.2032	7.0450
农作物受灾率	农作物受灾面积与播种面积之比	195	0.2457	0.0156	0.6885
农作物有效灌溉率	有效灌溉面积与播种面积之比	195	0.4005	0.2268	0.9151

二、实证结果分析与讨论

本书运用 Stata12.0 软件和面板 Tobit 模型来估计农业机械化服务对小麦生产效率的影响,估计结果如表 7-10 所示。方程（7-3）为农业机械化服务供给水平对小麦生产效率的估计结果,方程（7-4）为农业机械化服务利用水平对小麦生产效率的估计结果。通过 VIF 检验发现,方程（7-3）和方程（7-4）中各变量的 VIF 值均小于 10,可以认为不存在严重的多重共线性。通过 LR 检验发现,方程（7-3）和方程（7-4）均存在个体效应,适合选择面板 Tobit 随机效应模型进行估计。

表 7-10　　农业机械化服务对小麦生产效率影响的估计结果

变量	方程（7-3）	方程（7-4）
农业机械化服务供给水平 （每公顷播种面积的乡村农机从业人员）	0.0584 *** (0.0030)	—
农业机械化服务利用水平 （租赁机械作业费用占物质与服务费用之比）	—	0.0137 ** (0.0058)
农民受教育程度 （农村居民平均受教育年限的对数值）	-0.1040 *** (0.0040)	-0.1302 *** (0.0047)
农民受教育程度 （初中文化以上的农村居民占比）	—	—
农户小麦种植规模 （户均小麦播种面积的对数值）	0.0095 *** (0.0010)	0.0098 *** (0.0007)
农作物受灾率 （受灾面积/农作物播种面积）	-0.0120 *** (0.0024)	-0.0094 *** (0.0021)
农作物有效灌溉率 （有效灌溉面积/农作物播种面积）	0.0027 (0.0043)	0.0182 *** (0.0031)
常数项	1.0450 *** (0.0078)	0.9011 *** (0.0019)
VIF 值区间	[1.22, 1.83]	[1.14, 2.35]
LR 检验	975.14 ***	993.31 ***
样本量	195	195

注：括号内的值为标准误；*、** 和 *** 分别表示 10%、5% 和 1% 的显著性水平。

从表 7 - 10 的估计结果中不难看出,农业机械化服务供给水平对小麦生产效率的影响系数为正,且通过了 1% 水平的显著性检验。农业机械化服务利用水平对小麦生产效率的影响系数也为正,也通过了 5% 水平的显著性检验。这意味着无论是从供给水平来看,还是从利用水平来看,农业机械化服务对小麦生产效率均具有显著提升作用,验证了本书的研究假设,也与胡祎和张正河(2018)的研究结论基本一致。这说明农业机械化服务供给水平越高,小麦种植户获取机械化服务越便捷,越容易卷入分工经济;农业机械化服务利用水平可以理解为小麦种植户卷入分工经济的程度,农业机械化服务利用水平越高,小麦种植户卷入分工经济的程度越高。随着农业机械化服务市场日趋成熟,农户将更多的小麦生产环节外包给专业化的农机服务组织进行机械化作业,从而有助于提升小麦生产效率。

从控制变量的估计结果来看,方程(7-3)和方程(7-4)的估计结果显示户均小麦种植规模对小麦生产效率的边际影响系数为正,且通过了 1% 统计水平的显著性检验。方程(7-3)和方程(7-4)的估计结果均显示,农作物受灾率对小麦生产效率的影响系数为负,且均通过了 1% 水平的显著性检验。这表明农作物受灾率会降低小麦生产效率,符合本书的研究预期,也与胡祎和张正河(2018)的研究结论基本一致。

第四节 农业机械化服务对玉米生产效率的影响
——基于全国 19 个玉米主产区面板数据的实证分析

一、模型构建与变量说明

(一)模型构建

参照前文实证研究农业机械化服务对稻谷生产效率影响的基本思路,本书借鉴胡祎和张正河(2018)的研究方法,运用面板 Tobit 模型来实证研究农业机械化服务对玉米生产效率的影响。回归模型如下所示:

$$\text{Tec}_{i,t} = \beta_0 + \beta_1 \text{Mc}_{i,t} + \beta_2 \ln\text{Edu}_{i,t} + \beta_3 \ln\text{Landc}_{i,t} + \beta_4 \text{Dis}_{i,t} + \beta_5 \text{Irr}_{i,t} + u_{i,t} \tag{7-6}$$

式(7-6)中,Tec 表示玉米生产效率,Mc 表示农业机械化服务水平,

Edu 表示农民受教育程度，Landc 表示农户玉米种植规模，Dis 表示农作物受灾率，Irr 表示有效灌溉率；β 为待估参数，u 为随机干扰项。

（二）变量说明

在实证研究农业机械化服务对玉米生产效率的影响时，玉米生产效率是被解释变量，农业机械化服务水平是核心解释变量。另外本书借鉴相关文献，选取农民受教育程度、农户玉米种植规模、农作物受灾率和有效灌溉率为控制变量。各地区的玉米生产效率值在本章第一节已经通过 Frontier 4.1 软件计算得到。农民受教育程度、农作物受灾率和有效灌溉率的变量说明在上一节已经介绍，本节不再赘述。本书预期有效灌溉率对玉米生产效率具有正向影响，而农作物受灾率对玉米生产效率具有负向影响。

本书重点关注农机购置补贴政策背景下农业机械化服务对玉米生产效率的影响，因此选择的研究数据是全国 19 个玉米主产区 2004～2016 年的面板数据。各玉米主产区的乡村农机从业人员数来源于 2005～2017 年的《中国农业机械工业年鉴》。各玉米主产区的玉米每亩租赁机械作业费用、物质与服务费用数据来源于 2005～2017 年的《全国农产品成本收益资料汇编》。各玉米主产区的乡村 6 岁及以上抽样人口学历相关数据来源于 2005～2017 年的《中国人口和就业统计年鉴》。农作物播种面积、玉米播种面积、乡村户数、农作物受灾面积和有效灌溉面积等数据均来源于 2005～2017 年的《中国农村统计年鉴》和各省份统计年鉴。各变量的描述性统计如表 7-11 所示。

表 7-11　　　　　　　各变量的说明与描述

变量名	变量说明	样本量	均值	最小值	最大值
小麦生产效率	通过 Frontier 4.1 软件计算得到	247	0.7597	0.6041	0.9713
农业机械化服务供给水平	每公顷农作物播种面积的乡村农机从业人员	247	0.2852	0.0768	0.6356
农业机械化服务利用水平	玉米每亩机械租赁作业费用占物质与服务费用之比	247	0.0942	0.0000	0.2484
农民受教育程度	农村居民平均受教育年限（年）	247	7.3320	5.6266	8.5380
农民受教育程度	初中文化以上的农村人口占比	247	0.5222	0.2553	0.6990
农户玉米种植规模	户均玉米播种面积（亩）	247	3.6029	0.3486	16.6476
农作物受灾率	农作物受灾面积与播种面积之比	247	0.2421	0.0156	0.6885
农作物有效灌溉率	有效灌溉面积与播种面积之比	247	0.3740	0.1476	0.9151

二、实证结果分析与讨论

本书运用 Stata12.0 软件和面板 Tobit 模型来估计农业机械化服务对玉米生产效率的影响，估计结果如表 7-12 所示。方程（7-5）为农业机械化服务供给水平对玉米生产效率的估计结果，方程（7-6）为农业机械化服务利用水平对玉米生产效率的估计结果。通过 VIF 检验发现，方程（7-5）和方程（7-6）中各变量的 VIF 值均小于 10，可以认为不存在严重的多重共线性。通过 LR 检验发现，方程（7-5）和方程（7-6）均存在个体效应，适合选择面板 Tobit 随机效应模型进行估计。

表 7-12　农业机械化服务对玉米生产效率影响的估计结果

变量	方程（7-5）	方程（7-6）
农业机械化服务供给水平 （每公顷播种面积的乡村农机从业人员）	0.0238 *** （0.0081）	—
农业机械化服务利用水平 （租赁机械作业费用占物质与服务费用之比）	—	0.0604 *** （0.0070）
农民受教育程度 （农村居民平均受教育年限的对数值）	0.1097 *** （0.0086）	—
农民受教育程度 （初中文化以上的农村居民占比）	—	0.0891 *** （0.0095）
农户玉米种植规模 （户均小麦播种面积的对数值）	-0.0136 *** （0.0011）	-0.0207 *** （0.0010）
农作物受灾率 （受灾面积/农作物播种面积）	-0.0076 *** （0.0028）	-0.0026 （0.0028）
农作物有效灌溉率 （有效灌溉面积/农作物播种面积）	0.0982 *** （0.0033）	0.1272 *** （0.0028）
常数项	0.4952 *** （0.0152）	0.6589 *** （0.0038）
VIF 值区间	[1.13, 1.49]	[1.21, 3.14]
LR 检验	1081.99 ***	1099.25 ***
样本量	247	247

注：括号内的值为标准误；*、** 和 *** 分别表示 10%、5% 和 1% 的显著性水平。

从表7-12的估计结果中不难看出，农业机械化服务供给水平对玉米生产效率的影响系数为正，且通过了1%统计水平的显著性检验。农业机械化服务利用水平对玉米生产效率的影响系数也为正，也通过了1%统计水平的显著性检验。这意味着无论是从供给水平来看，还是从利用水平来看，农业机械化服务对玉米生产效率均具有显著提升作用，验证了本书的研究假设。这说明农业机械化服务供给水平越高，玉米种植户获取机械化服务越便捷，越容易卷入分工经济；农业机械化服务利用水平可以理解为玉米种植户卷入分工经济的程度。农业机械化利用水平越高，玉米种植户卷入分工经济的程度越高。随着农业机械化服务市场日趋成熟，玉米种植户获取生产机械化服务更加便利，从而将更多的玉米生产环节外包给专业化的服务组织进行机械化作业，其本质是在玉米生产过程实现了分工经济，从而提升了玉米的生产效率。

从控制变量的估计结果来看，方程（7-5）和方程（7-6）的估计结果均显示农民受教育程度对玉米生产效率具有正向作用。方程（7-5）和方程（7-6）的估计结果显示，农户玉米种植规模对玉米生产效率的边际影响系数为负，且通过了1%统计水平的显著性检验，这表明户均玉米种植规模的扩大并不是提升玉米生产效率的有效路径。方程（7-5）和方程（7-6）的估计结果均显示，农作物有效灌溉率对玉米生产效率的影响系数为正，且均通过了1%统计水平的显著性检验，这表明有效灌溉会提升小麦生产效率，符合本书的研究预期。

第五节 小 结

本章测算了我国稻谷、小麦和玉米三大主粮作物的生产效率，同时实证考察了农业机械化服务对稻谷、小麦和玉米生产效率的影响。具体而言：

第一节采用面板随机前沿方法，并运用2004~2016年我国稻谷、小麦和玉米主产区的面板数据测算了稻谷、小麦和玉米的生产效率。2004~2016年我国稻谷和玉米的生产效率均呈现上升趋势，而小麦生产效率则呈现下降趋势。南方传统稻区的稻谷生产效率值普遍低于北方稻区；小麦生产大省的小麦生产效率值普遍较高；北方省份的玉米生产效率普遍高于南方省份。

第二节利用面板Tobit模型和2004~2016年23个稻谷主产区的面板数据实证考察了农业机械化服务对稻谷生产效率的影响。实证结果显示，农业机械化服务的供给水平和利用水平对稻谷生产效率的影响系数均显著为正。这意味着，无论是从供给水平，还是从利用水平来看，农业机械化服务对稻谷生产效率具有显著提升作用，也与周宏等（2014）的结论基本一致。随着农业机械化服务市场日趋成熟，农户将更多的稻谷生产环节外包给专业化的农机服务组织进行机械化作业，从而提升了稻谷生产效率。从控制变量的估计结果来看，有效灌溉率对稻谷生产效率具有显著提升作用，而农作物受灾率对稻谷生产效率具有显著负向影响。

第三节利用面板 Tobit 模型和 2004~2016 年 15 个小麦主产区的面板数据实证考察了农业机械化服务对小麦生产效率的影响。实证结果显示，农业机械化服务的供给水平和利用水平对小麦生产效率的影响系数均显著为正，这表明农业机械化对小麦生产效率具有显著提升作用，也与胡祎和张正河（2018）的结论基本一致。随着农业机械化服务市场日趋成熟，农户将更多的小麦生产环节外包给专业化的农机服务组织进行机械化作业，从而提升了小麦生产效率。从控制变量的估计结果来看，农户小麦种植规模对小麦生产效率具有显著提升作用，而农作物受灾率对小麦生产效率具有显著负向影响。

第四节利用面板 Tobit 模型和 2004~2016 年 19 个玉米主产区的面板数据实证考察了农业机械化服务对玉米生产效率的影响。实证结果显示，农业机械化服务的供给水平和利用水平对玉米生产效率的影响系数均显著为正，这表明农业机械化服务对玉米生产效率具有显著提升作用。随着农业机械化服务市场日趋成熟，农户将更多的玉米生产环节外包给专业化的农机服务组织进行机械化作业，从而提升了玉米生产效率。从控制变量的估计结果来看，农民受教育程度和有效灌溉率对玉米生产效率具有显著提升作用，而农户玉米种植规模对玉米生产效率具有显著负向影响。

第八章

研究结论与政策建议

本书以农业机械化服务和粮食生产为研究对象，采用了文献研究法、总结归纳法、比较分析法、描述性统计分析法和计量分析方法等多种研究方法，以分工理论、农户行为理论、交易成本理论、诱致性技术变迁理论和生产效率理论为理论基础，在分析我国粮食生产和农业机械化服务发展现状的基础上，构建了农业机械化服务对粮食生产影响的理论分析框架，并围绕农户对粮食生产机械服务的选择行为、农业机械化服务对粮食生产要素投入的影响、农业机械化服务对粮食生产能力的影响和农业机械化服务对粮食生产效率的影响四个议题展开了实证研究。本部分将回顾和总结全书的研究发现，并在研究结论的基础上提出政策建议，以期为保障国家粮食安全和完善农业机械化服务体系提供现实依据和决策参考。

一、研究结论

（一）相比其他农业机械化服务主体，农机专业合作社具备明显的制度优势

我国农业机械化服务主体经历了从单一化到多元化的发展过程，基本形成了农业服务专业户、农机专业合作社和农机作业服务公司等服务主体多元化竞争的局面，每一类农业机械化服务主体必然有独特的优势，使其能够在农机作业服务市场上活动。但近年来农业机械化服务主体开始呈现组织化发展趋势，一个典型现象就是农业服务专业户开始减少，而农机专业合作社的数量和规模开始增加。本书构建一个交易成本的分析框架来对比各类农业机械化服务主体的制度优势。研究结果显示：农机作业服务公司在农机产品市场上具有较强的信息收集能力、谈判能力和维权能力，因而农机作业服务公司在农机产品市场上的交易成本（外生交易成本Ⅰ）最低。农机作业合作社和农机专业户在农机作业市场上拥有明显的地缘优势，但是农机专业合作社

的优势更强,且具备良好的信誉机制和作业服务实力,因而农机专业合作社在农机作业服务市场上的交易成本(外生交易成本Ⅱ)最低。农机专业户集决策者和执行者于一身,其内生交易成本最低。综上所述,农机专业合作社的总交易成本最低,农机专业户次之,农机作业服务公司的总交易成本最高。尽管农机作业服务公司在资金、技术、人才等方面拥有较大优势,但农机专业合作社也能够成为农业机械化服务主体的主力军,小规模的农机专业户也能够在农机作业市场上占据一席之地。

(二) 选择机械化服务是种粮农户根据自身条件和现实情景做出的理性抉择

劳动力与机械的相对价格变化诱致了种粮农户的机械作业需求,农户选择农业机械化服务是根据自身条件和现实情景作出的理性抉择,即农业机械化服务能够提高家庭经营利润时种粮农户才会选择农业机械化服务,农户在粮食生产环节购买多少机械化服务也是基于家庭利润最大化目标作出的理性选择。进一步地,本书分别利用 CLDS 微观数据和宏观面板数据对种粮农户是否选择农业机械化服务受哪些因素影响和农户粮食生产机械化服务支出受哪些因素影响两个议题进行了实证分析。CLDS2014 微观调查数据的实证结果显示:家庭主事者受教育程度、家庭非农收入、粮食补贴金额对种粮农户选择机械化服务行为具有显著促进作用;家庭农业劳动力、村庄距离最近乡政府的距离、丘陵虚拟变量和山区虚拟变量对种粮农户选择机械化服务行为具有显著负向影响;种粮农户机械化服务选择行为与耕地面积之间呈现倒"U"型关系。全国省级面板和湖北县级面板的实证结果表明:户均种植规模、户均工资性收入、区域农业机械化服务的供给水平和粮食种植比重对户均粮食生产机械化服务支出具有显著正向影响,而户均农业劳动力对户均粮食生产机械化服务支出具有显著负向影响。另外,湖北县级面板数据的实证结果还表明,山地条件对户均机械化服务支出具有负向影响,而平原县和丘陵县的户均粮食生产机械化服务支出没有显著差异。

(三) 农业机械化服务供给水平的提高促进了粮食生产中机械对人工的替代

本书运用农户行为理论和诱致性技术变迁理论阐释了农业机械化服务对粮食生产要素投入的影响机理。在此基础上,分别利用 2004~2016 年 23 个稻谷主产区、15 个小麦主产区和 19 个玉米主产区的面板数据实证分析了农业机械化服务对粮食生产要素投入的影响。实证结果显示:农业机械化服务的供给水平对稻谷、小麦和玉米的机械投入均具有显著正向影响,而对稻谷、小麦和玉米的人工投入均具有显著负向影响。区域农业机械化服务的供给水平越高,农户获取粮食生产机械服务的交易成本越低,通过购买机械服务替代人工作业越便利，从而越倾向于增加机械费用投入，减少粮食生产的用工量。这意味着农业机械化服务供给水平的提高促进了粮食生产中机械对人工的替代。另外，劳动力价格上涨驱使理性的粮食生产者减少人工投入量，增加机械和化肥投入，也与郑旭媛和徐志刚（2017）的研究结论基本一致。

（四）农业机械化服务对粮食总产能力和粮食单产能力均具有提升作用

本书从"机械替代人工——保障作业质量""先进技术引入——技术增产效应"和"存在道德风险——降低作业质量"三个方面阐释了农业机械化服务对粮食生产能力的作用机理。在此基础上，分别从粮食总产能力和粮食单产能力两个方面实证研究了农业机械化服务对粮食生产能力的影响。首先，分别利用全国省级面板数据和湖北县级面板数据实证分析了农业机械化服务对粮食总产能力的影响。全国省级面板数据和湖北县级面板数据的实证结果均显示，农机作业服务收入对粮食总产能力的边际影响显著为正，这表明农业机械化服务的发展对于提升粮食总产能力具有一定的积极作用。其次，分别利用稻谷、小麦和玉米主产区的面板数据实证考察了农业机械化服务对稻谷、小麦和玉米单产能力的影响。实证结果显示，每亩租赁机械作业费用对稻谷、小麦和玉米单产能力的边际影响均显著为正，这意味着农业机械化服务的发展有利于提升粮食单产能力。

（五）农业机械化服务对稻谷、小麦和玉米的生产效率均具有正向影响

农业机械化服务对粮食生产效率的作用途径可以总结为三点：一是要素重配效应。农业机械化服务通过改变粮食生产要素投入结构，发挥其要素重配效应，实现机械对人工和化肥的有效替代，降低粮食生产成本，有助于提升农业生产效率。二是科技引入效应。专业化的服务组织在进行作业环节时势必会运用先进高效的农业生产技术，新技术以农业机械化服务为载体广泛应用于农业生产各个环节（胡祎和张正河，2018），推进了农业生产的标准化和规范化，提高了作业质量和粮食单产水平，进而有助于提升粮食生产效率。三是存在道德风险。由于缺乏有效监督，农业机械化服务主体可能会偷工减料，降低作业质量，导致粮食减产，进而对粮食生产效率造成负向影响。进一步地，本书采用面板随机前沿方法测算了我国稻谷、小麦和玉米三大主粮作物的生产效率，同时利用 Tobit 模型实证考察了农业机械化服务对稻谷、小麦和玉米生产效率的影响。实证结果显示：2004~2016 年我国稻谷和玉米的生产效率均呈现增长趋势，而小麦生产效率呈现下降趋势。南方传统稻区的稻谷生产效率值普遍低于北方稻区；小麦生产大省的小麦生产效率值普遍较高；北方省份的玉米生产效率普遍高于南方省份。农业机械化服务的供给

水平和利用水平对稻谷、小麦和玉米的生产效率的影响系数均为正,且均通过了1%的显著性检验,这表明农业机械化服务水平对稻谷生产效率、小麦生产效率和玉米生产效率均具有显著提升作用,也与周宏等(2014)、胡祎和张正河(2018)的结论基本一致。随着农业机械化服务市场日趋成熟,种粮农户将更多的粮食生产环节外包给专业化的农机服务组织进行机械化作业,从而有助于提升粮食生产效率。

二、政策建议

(一)优化农业机械化财政支持政策

机械化服务是众多小农户实现机械化作业的主要方式,而当前我国农机支持政策以农机购置补贴为主,农机补贴的直接受益者并非众多小农户,这意味着以农机购置补贴为主的农机补贴政策体系迫切需要优化调整。

第一,优化农机购置补贴政策。一是优化农机购置补贴的投入机制。农机购置补贴资金规模不能盲目扩大,各级财政和农业部门要通过实地调研和科学论证来确定各地区的补贴资金规模。二是完善农机购置补贴的实施机制。各地区要因地制宜制定补贴机具目录和补贴标准,结合农机化发展的需要,完善补贴机具目录、优化补贴机具结构和推广先进适用的补贴机具。还要简化补贴流程,积极探索推广高效透明的补贴模式。三是健全农机购置补贴的保障机制。加强补贴的监督管理机制,维护广大购机农户利益,保证补贴的公平、公正,确保补贴机具价格透明、质量过硬,提高补贴机具的售后服务质量。

第二,完善农机报废更新补贴政策。适当扩大报废更新补贴机具范围,提高报废更新补贴标准。充分发挥报废更新补贴与农机购置补贴的协同效应和叠加效应,逐步淘汰性能差、效率低的农机具,推广性能好、效率高的先进适用农机具。

第三,探索试点农机作业服务补贴,推动农机补贴从购置补贴向作业补贴转型。扩大深松整地作业补贴的试点范围,提高深松整地作业的补贴标准。探索农机作业补贴的新模式,鼓励在试点进行机播、机收作业服务补贴,通过作业服务补贴,让广大小农户成为农机补贴的直接受益者。

(二)加大对农机服务主体的培育力度

服务主体是农业机械化服务的主要提供方,满足小农户多样化机械服务需求的关键在于培育农机服务主体、提高服务能力和服务质量。培育农机户、合作社、服务公司等多元化农机服务组织，要求政府在政策制定上，一方面要兼顾各类农业机械化服务主体的特性，另一方面要充分考虑农业机械化服务主体的共性问题。具体而言：

第一，鼓励农机专业户组建或加入农机专业合作社。小而散的农机专业户越来越不能适应标准化、全程化的作业要求，地缘优势正逐步丧失，服务半径也逐渐缩小，迫切需要"抱团取暖"。因此政府要鼓励和引导农机专业户组建或加入农机专业合作社，壮大农机作业服务队伍，通过规模化、标准化、全程化的作业服务，促进农机专业户经营效益的增加。

第二，加大对农机专业合作社的扶持力度。农机专业合作社是农业机械化服务主体的中坚力量，但在发展过程中还面临着诸多制约和障碍。政府要从资金、人才、技术等方面加大对农机专业合作社的扶持，规范农机专业合作社的管理制度、分配机制和监督机制，提高农机专业合作社的组织化程度和服务能力，进一步提升农机作业合作社在农业机械化服务主体中的引领作用。

第三，合理引导农机作业服务公司的经营活动。政府要积极引导农机作业服务公司开展全程机械作业、跨区作业等作业活动，支持农机服务公司的基层网点建设，鼓励农机服务公司采取灵活合理的运营方式和分配机制，充分发挥农机作业服务公司的规模优势。

（三）发展粮食生产全程机械化服务

发展粮食生产全程机械化服务有助于进一步释放农业劳动力、提高粮食生产能力和粮食生产效率，是贯彻落实"藏粮于技"战略的重要举措，也是实现小农户与现代农业生产有机衔接的关键路径。发展粮食生产全程机械化服务可以从政府补贴、服务主体和引导农户三个方面入手，具体而言：

第一，农机补贴要适当向推进粮食生产机械化倾斜。农机购置补贴除了重点针对耕、种、收等生产环节的农机具外，还要兼顾田间管理、统防统治和烘干储存等生产环节，为实现粮食生产全程机械化提供装备支撑。鼓励农机作业补贴由专项补贴向全程化作业补贴发展。打造粮食生产机械化服务示范区（县），加大对示范区的补贴力度。

第二，鼓励农机服务主体由单项服务模式向全程化、综合化服务模式发展。鼓励农机服务主体积极探索土地托管、土地入股等全程机械化服务模式，支持建设"全程机械化＋农事综合"服务中心，逐步拓宽农机服务领域和环节，不断提高粮食生产全程机械化的服务质量和服务水平，为各类粮食生产者提供覆盖产前、产中、产后的全程机械化服务。

第三，充分发挥粮食生产全程机械化服务的示范效应，引导农户选择粮食生产全程机械化服务。当种粮农户意识到选择全程机械化服务能够带来更大收益时，才会选择该服务。政府和农机服务组织可以建设粮食生产全程机械化服务示范点，在充分尊重种粮农户理性选择的基础上，发挥全程机械化服务的示范作用，合理引导农户选择粮食生产全程机械化服务，但决不能损害种粮农户的利益。

（四）完善农业机械化基础设施建设

加强农机基础设施建设，妥善解决好农机"住房难""行路难"和"作业难"等现实问题，增强农业机械化服务的可达性，降低农业机械化服务的交易成本。具体来讲：

第一，完善用地政策，支持农机服务主体的机具库棚建设。由于农业生产的季节性特征，农机装备的闲置时间较长，长期的日晒雨淋会加快农机装备的损耗，因此需要加强机具库棚建设，解决好农机装备"住房难"问题。通过完善农村建设用地政策和资金扶持等手段支持农机服务主体修建机具库棚，降低农机装备的损耗。

第二，完善农机交通条件，增强农机服务的可达性。一方面，要根据农机装备的交通路线有选择地对乡村公路的关键路段进行维护和硬化，解决好农机装备"行路难"的问题。另一方面，要加强机耕道建设，解决好农机装备"下地难"的问题，确保农机装备能够到达田间地头。

第三，加强农田基础设施建设，改善农机作业的条件。加快推进高标准农田建设，通过土地整治等途径，为开展大规模农机作业创造良好条件。另外，在丘陵和山区可以推广改地适机的模式，通过对部分坡度较低的耕地进行"小变大、短变长、弯变直"等改造，为农机作业制造良好条件。

（五）加强农机装备技术的研发与推广

先进农机技术和农机装备的广泛应用是实现农业机械化服务提档升级的重要基础。推进农业机械化进程、完善农业机械化服务的一个重要途径就是加强农机装备技术的研发与推广工作。

第一，坚持科技创新，加强农机装备技术的研发。加大对农机制造商对农机装备研发的支持力度，加快对经济作物种植业、林业、畜牧业和水产业机械装备的开发，重点支持关键作业环节、高端农机装备、核心零部件的研发工作；鼓励对具有突出贡献的农机制造商实行以奖代补、税收优惠等支持政策；鼓励组建农机装备联盟，整合各方面资源开展农机技术联合攻关，推动农机装备制造业提档升级。

第二，加强技术培训，推进先进农机技术的应用。通过示范试点等途径向农机服务主体推广先进的作业技术和农机装备，提高农机作业的服务质量和作业效率。农机主管部门和相关机构要加强对农机从业人员的培训工作，通过技能培训等途径，提高农机手的安全意识、操作水平和维修能力。

（六）积极发展农业适度规模经营

发展农业适度规模经营既能提高农产品竞争力（张聪颖等，2018），又有助于扩大农业机械化服务的市场容量。农业适度规模经营通常有两种途径，一种是以土地流转实现土地规模经营，另一种是以社会化服务形成服务规模经营（罗必良，2017；胡新艳等，2018；胡凌啸，2018）。

第一，以农村承包地"三权分置"改革为契机，推动农村土地依法有序流转。在坚持农村基本经营制度的前提下，健全农村土地流转市场，充分发挥市场机制，引导农户依法流转土地经营权。通过土地流转来培育农业适度规模经营主体，发挥农机作业的规模效应。

第二，以土地托管、代耕代种等服务模式为突破口，发展农业服务规模经营。鼓励通过土地托管、代耕代种等专业化服务使小农户卷入分工经济。通过连片种植、统防统治等途径聚合形成农机服务规模，打造农机服务主体与农业经营主体之间的良性互惠机制。

参考文献

[1] 白人朴. 关于"十三五"我国农业机械化发展的思考 [J]. 中国农机化学报, 2014, 35 (4): 1-5.

[2] 白人朴. 农业机械化与农民收入翻番 [J]. 中国农机化, 2009 (1): 10-12.

[3] 白人朴. 谁来种地怎样种地 [J]. 中国农机化学报, 2013, 34 (2): 1-3, 10.

[4] 白人朴. 中国特色农业机械化理论体系研究 [J]. 中国农机化, 2011 (5): 14-15, 24.

[5] 白人朴. 重新学习和正确理解"农业的根本出路在于机械化" [J]. 农业机械学报, 1992 (1): 108-110.

[6] 蔡键, 刘文勇. 农业机械化发展及其服务外包的原因分析——源自冀豫鲁3省问卷调查数据的证明 [J]. 中国农业资源与区划, 2018, 39 (2): 230-236.

[7] 蔡键, 刘文勇. 社会分工、成本分摊与农机作业服务产业的出现——以冀豫鲁三省农业机械化发展为例 [J]. 江西财经大学学报, 2017 (4): 83-92.

[8] 蔡键, 唐忠, 朱勇. 要素相对价格、土地资源条件与农户农业机械服务外包需求 [J]. 中国农村经济, 2017 (8): 18-28.

[9] 蔡键, 唐忠. 华北平原农业机械化发展及其服务市场形成 [J]. 改革, 2016 (10): 65-72.

[10] 曹博, 赵芝俊. 技术进步类型选择和我国农业技术创新路径 [J]. 农业技术经济, 2017 (9): 80-87.

[11] 曹芳芳, 朱俊峰, 郭焱等. 中国小麦收获环节损失有多高?——基于4省5地的实验调研 [J]. 干旱区资源与环境, 2018, 32 (7): 7-14.

[12] 曹光乔, 周力, 易中懿, 张宗毅, 韩喜秋. 农业机械购置补贴对

农户购机行为的影响——基于江苏省水稻种植业的实证分析 [J]. 中国农村经济, 2010 (6).

[13] 曹卫华, 王家忠, 黄凰, 杨敏丽, 黄玉祥. 林果业生产机械化水平评价与实证研究 [J]. 系统工程理论与实践, 2015, 35 (11): 2857 – 2865.

[14] 曹阳, 胡继亮. 中国土地家庭承包制度下的农业机械化——基于中国17省 (区、市) 的调查数据 [J]. 中国农村经济, 2010 (10).

[15] 陈池波, 潘经韬. 农业机械化服务主体的制度优势比较: 一个交易费用的分析框架 [J]. 广西财经学院学报, 2017, 30 (2): 19 – 28.

[16] 陈江华, 罗明忠. 农地确权对水稻劳动密集型生产环节外包的影响——基于农机投资的中介效应 [J]. 广东财经大学学报, 2018, 33 (4): 98 – 111.

[17] 陈书章, 宋春晓, 宋宁等. 中国小麦生产技术进步及要素需求与替代行为 [J]. 中国农村经济, 2013 (9): 18 – 30.

[18] 陈涛, 陈池波. 人口外流背景下县域城镇化与农村人口空心化耦合评价研究 [J]. 农业经济问题, 2017, 38 (4): 58 – 66, 111.

[19] 陈旭娟, 李新, 师丽娟, 修长柏. 农业机械化发展战略研究——基于玉米机械专利分析角度 [J]. 科学管理研究, 2012, 30 (6): 77 – 80, 93.

[20] 陈昭玖, 胡雯. 农地确权、交易装置与农户生产环节外包——基于"斯密—杨格"定理的分工演化逻辑 [J]. 农业经济问题, 2016, 37 (8): 16 – 24, 110.

[21] 陈昭玖, 胡雯. 农业规模经营的要素匹配: 雇工经营抑或服务外包——基于赣粤两省农户问卷的实证分析 [J]. 学术研究, 2016 (8): 93 – 100, 177.

[22] 成德宁, 杨敏. 农业劳动力结构转变对粮食生产效率的影响 [J]. 西北农林科技大学学报 (社会科学版), 2015, 15 (4): 19 – 26.

[23] 程霖, 毕艳峰. 近代中国传统农业转型问题的探索——基于农业机械化的视角 [J]. 财经研究, 2009, 35 (8): 105 – 114.

[24] 崔晓. 资源与环境约束下我国农业生产效率测度及其影响因素研究 [D]. 长春: 吉林大学, 2018.

[25] 代海涛. 吉林省农业机械化对农业生产贡献率及发展对策研究 [J]. 中国农机化学报, 2014, 35 (6): 300 – 303.

[26] 党超. 物质要素投入对我国农业产出水平的影响——基于省际面板数据的实证分析 [J]. 宁夏大学学报 (人文社会科学版), 2011, 33 (6):

109-116.

[27] 丁忠锋, 张正萍. 亚当·斯密与卡尔·马克思: 劳动分工学说之比较 [J]. 浙江社会科学, 2016 (5): 92, 146-152, 160.

[28] 董欢. 农业机械化的微观行为选择及其影响因素——基于农户禀赋及种植环节的实证分析 [J]. 农村经济, 2015 (7): 85-90.

[29] 董欢. 农业经营主体分化视角下农机作业服务的发展研究 [D]. 北京: 中国农业大学, 2016.

[30] 董欢. 水稻生产环节外包服务行为研究 [J]. 华南农业大学学报 (社会科学版), 2017, 16 (2): 91-101.

[31] 段培. 农业生产环节外包行为响应与经济效应研究 [D]. 西安: 西北农林科技大学, 2018.

[32] 范丽霞, 李谷成. 全要素生产率及其在农业领域的研究进展 [J]. 当代经济科学, 2012, 34 (1): 109-119, 128.

[33] 范丽霞. 技术效率、技术进步与粮食生产率增长 [J]. 经济经纬, 2016, 33 (3): 31-36.

[34] 方师乐, 卫龙宝, 伍骏骞. 农业机械化的空间溢出效应及其分布规律——农机跨区服务的视角 [J]. 管理世界, 2017 (11): 65-78, 187-188.

[35] 高道明, 王丽红, 田志宏. 我国小麦生产的要素替代关系研究 [J]. 中国农业大学学报, 2018, 23 (6): 169-176.

[36] 高帆. 分工差异与二元经济结构的形成 [J]. 数量经济技术经济研究, 2007 (7): 3-14.

[37] 高明, 徐天祥, 欧阳天治. 农户行为的逻辑及其政策含义分析 [J]. 思想战线, 2013, 39 (1): 147-148.

[38] 高鸣, 宋洪远. 补贴减少了粮食生产效率损失吗?——基于动态资产贫困理论的分析 [J]. 管理世界, 2017 (9): 85-100.

[39] 高强, 孔祥智. 我国农业社会化服务体系演进轨迹与政策匹配: 1978~2013 年 [J]. 改革, 2013 (4): 5-18.

[40] 高宇. 生产效率理论演进及其比较研究 [J]. 天府新论, 2008 (1): 43-48.

[41] 高玉强. 农机购置补贴、财政支农支出与土地生产率——基于省际面板数据的实证研究 [J]. 山西财经大学学报, 2010, 32 (1): 72-78.

[42] 高玉强. 农机购置补贴与财政支农支出的传导机制有效性——基于省际面板数据的经验分析 [J]. 财贸经济, 2010 (4): 61-68.

[43] 高玉强. 农业补贴制度优化研究 [D]. 大连：东北财经大学，2011.

[44] 龚斌磊. 投入要素与生产率对中国农业增长的贡献研究 [J]. 农业技术经济，2018 (6)：4-18.

[45] 呙小明，张宗益，康继军. 我国农业机械化进程中能源效率的影响因素研究 [J]. 软科学，2012，26 (3)：51-56.

[46] 郭轲. 兼业视角下河北省退耕农户生产要素配置行为：动态演变及其驱动因素 [D]. 北京：北京林业大学，2016.

[47] 郭沛，肖亦天. 中国农业农村改革四十年：回顾发展与展望未来——第二届农业经济理论前沿论坛综述 [J]. 经济研究，2018，53 (6)：199-203.

[48] 郭庆海. 小农户：属性、类型、经营状态及其与现代农业衔接 [J]. 农业经济问题，2018 (6)：25-37.

[49] 郭姝宇. 中国农业机械化制度变迁及政策评价 [D]. 长春：吉林大学，2011.

[50] 郭斯华，季凯文. 江西水稻生产效率测算及其影响因素分析 [J]. 江西财经大学学报，2018 (2)：90-99.

[51] 郭熙保，苏甫. 速水佑次郎对农业与发展经济学的贡献 [J]. 经济学动态，2013 (3)：101-108.

[52] 韩剑锋，魏宇慧. 我国农机购置补贴政策增收效应实证分析 [J]. 杨凌：西安电子科技大学学报（社会科学版），2010 (5).

[53] 韩剑锋. 农机购置补贴政策的有效性及运行机制研究 [D]. 西安：西北农林科技大学，2012.

[54] 韩剑锋. 我国农机购置补贴政策对农民收入的影响分析 [J]. 生产力研究，2010 (3)：52-53，81.

[55] 郝一帆，王征兵. 生产性服务业能提升中国农业全要素生产率吗？ [J]. 学习与实践，2018 (9)：39-50.

[56] 何爱，曾楚宏. 诱致性技术创新：文献综述及其引申 [J]. 改革，2010 (6)：45-48.

[57] 何一鸣，罗必良. 农地流转、交易费用与产权管制：理论范式与博弈分析 [J]. 农村经济，2012 (1)：7-12.

[58] 洪自同，郑金贵. 农业机械购置补贴政策对农户粮食生产行为的影响——基于福建的实证分析 [J]. 农业技术经济，2012 (11)：41-48.

[59] 洪自同. 农机购置补贴政策实施效果研究 [D]. 福州：福建农林

大学, 2012.

[60] 侯方安. 农业机械化推进机制的影响因素分析及政策启示——兼论耕地细碎化经营方式对农业机械化的影响 [J]. 中国农村观察, 2008 (5).

[61] 侯建昀, 霍学喜. 农户市场行为研究述评——从古典经济学、新古典经济学到新制度经济学的嬗变 [J]. 华中农业大学学报 (社会科学版), 2015 (3): 8-14.

[62] 胡凌啸, 周应恒. 农业综合开发、农技推广培训与农机购置补贴效率 [J]. 经济与管理研究, 2016, 37 (8): 87-95.

[63] 胡凌啸. 中国农业规模经营的现实图谱:"土地+服务"的二元规模化 [J]. 农业经济问题, 2018 (11): 20-28.

[64] 胡新艳, 王梦婷, 吴小立. 要素配置与农业规模经营发展: 一个分工维度的考察 [J]. 贵州社会科学, 2018 (11): 149-154.

[65] 胡新艳, 杨晓莹, 吕佳. 劳动投入、土地规模与农户机械技术选择——观点解析及其政策含义 [J]. 农村经济, 2016 (6): 23-28.

[66] 胡雪枝, 钟甫宁. 人口老龄化对种植业生产的影响——基于小麦和棉花作物分析 [J]. 农业经济问题, 2013, 34 (2): 36-43, 110.

[67] 胡祎, 张正河. 农机服务对小麦生产技术效率有影响吗? [J]. 中国农村经济, 2018 (5): 68-83.

[68] 胡逸文, 霍学喜. 农户禀赋对粮食生产技术效率的影响分析——基于河南农户粮食生产数据的实证 [J]. 经济经纬, 2016, 33 (2): 42-47.

[69] 胡拥军. 农村劳动力流转、粮食商品化程度对粮食主产区农户的农机购置行为的影响分析——基于全国587户粮农数据 [J]. 当代经济管理, 2014 (1).

[70] 黄晨鸣, 朱臻. 雇工劳动对农户粮食生产技术效率的影响研究——基于三省水稻种植户的调查 [J]. 农业现代化研究, 2018, 39 (2): 229-238.

[71] 黄金波, 周先波. 中国粮食生产的技术效率与全要素生产率增长: 1978-2008 [J]. 南方经济, 2010 (9): 40-52.

[72] 黄玛兰, 李晓云, 游良志. 农业机械与农业劳动力投入对粮食产出的影响及其替代弹性 [J]. 华中农业大学学报 (社会科学版), 2018 (2): 37-45, 156.

[73] 黄庆华, 曹祖文. 农机服务产业化的现实因应与政策匹配 [J]. 重庆社会科学, 2013 (4): 81-86.

[74] 黄臻. 我国粮食生产影响因素分析——基于C－D生产函数的岭回归分析 [J]. 税务与经济, 2014 (5): 50-54.

[75] 黄祖辉, 王建英, 陈志钢. 非农就业、土地流转与土地细碎化对稻农技术效率的影响 [J]. 中国农村经济, 2014 (11): 4-16.

[76] 纪月清, 王许沁, 陆五一, 刘亚洲. 农业劳动力特征、土地细碎化与农机社会化服务 [J]. 农业现代化研究, 2016, 37 (5): 910-916.

[77] 纪月清, 钟甫宁. 非农就业与农户农机服务利用 [J]. 南京农业大学学报（社会科学版）, 2013 (5): 47-52.

[78] 纪月清, 钟甫宁. 农业经营户农机持有决策研究 [J]. 农业技术经济, 2011 (5).

[79] 纪月清. 非农就业与农机支持的政策选择研究 [D]. 南京: 南京农业大学, 2010.

[80] 贾琳. 农户粮食经营规模及其技术效率研究 [D]. 北京: 中国农业科学院, 2017.

[81] 江东坡, 朱满德, 伍国勇. 收入性补贴提高了中国小麦生产技术效率吗——基于随机前沿函数和技术效率损失函数的实证 [J]. 农业现代化研究, 2017, 38 (1): 15-22.

[82] 江松颖, 刘颖, 王嫚嫚. 我国谷物全要素生产率的动态演进及区域差异研究 [J]. 农业技术经济, 2016 (6): 13-20.

[83] 江泽林. 机械化在农业供给侧结构性改革中的作用 [J]. 农业经济问题, 2018 (3): 4-8.

[84] 姜鑫. 诱致性农业技术创新模型及中国农业技术变革的实证研究 [J]. 财经论丛, 2007 (3): 1-7.

[85] 姜长云. 农业产中服务需要重视的两个问题 [J]. 宏观经济管理, 2014 (10): 37-39.

[86] 焦源. 山东省农业生产效率评价研究 [J]. 中国人口·资源与环境, 2013, 23 (12): 105-110.

[87] 亢霞, 刘秀梅. 我国粮食生产的技术效率分析——基于随机前沿分析方法 [J]. 中国农村观察, 2005 (4): 25-32.

[88] 孔祥智, 穆娜娜. 实现小农户与现代农业发展的有机衔接 [J]. 农村经济, 2018 (2): 1-7.

[89] 孔祥智, 张琛, 张效榕. 要素禀赋变化与农业资本有机构成提高——对1978年以来中国农业发展路径的解释 [J]. 管理世界, 2018, 34

(10)：147-160.

[90] 孔祥智，周振，路玉彬．我国农业机械化道路探索与政策建议［J］．经济纵横，2015（7）：65-72.

[91] 李博，司汉武．陕西三大区域农业机械化水平差异评价——基于主成分的分析［J］．科技管理研究，2013，33（12）：49-52.

[92] 李谷成，冯中朝，范丽霞．农户家庭经营技术效率与全要素生产率增长分解（1999~2003年）——基于随机前沿生产函数与来自湖北省农户的微观证据［J］．数量经济技术经济研究，2007（8）：25-34.

[93] 李谷成．中国农业的绿色生产率革命：1978—2008年［J］．经济学（季刊），2014，13（2）：537-558.

[94] 李光泗，朱丽莉．农村劳动力流动背景下我国粮食生产技术变动分析［J］．中国科技论坛，2014（7）：143-148.

[95] 李航．诱致性技术进步下的农业生产率增长——中国2001-2011年省级面板数据的分析［J］．求索，2013（5）：41-43.

[96] 李红丹．东北地区耕地地力与粮食生产能力研究［D］．沈阳：沈阳农业大学，2016.

[97] 李井奎．经济学中的劳动分工——一场经济思想史的旅行［J］．学术月刊，2015，47（10）：79-87.

[98] 李俊鹏，冯中朝，吴清华．农业劳动力老龄化与中国粮食生产——基于劳动增强型生产函数分析［J］．农业技术经济，2018（8）：26-34.

[99] 李林．规模农户水稻生产环节采用机械化服务行为的影响因素［D］．杭州：浙江农林大学，2017.

[100] 李农，万祎．我国农机购置补贴的宏观政策效应研究［J］．北京：农业经济问题，2010（12）．

[101] 李琴，李大胜，陈风波．地块特征对农业机械服务利用的影响分析——基于南方五省稻农的实证研究［J］．农业经济问题，2017，38（7）：43-52，110-111.

[102] 李卫，薛彩霞，朱瑞祥，郭康权．中国农机装备水平区域不平衡的测度与分析［J］．经济地理，2014，34（7）：116-122.

[103] 李卫．区域格局划分与农业机械化发展不平衡定量研究［D］．西安：西北农林科技大学，2015.

[104] 李新仓．我国农机购置补贴政策实施的成效及优化对策研究——基于福建省的实证调研［J］．农机化研究，2015，37（9）：1-4，21.

[105] 李泽华, 马旭, 吴露露. 农业机械化与区域经济发展的协调性评价 [J]. 华南农业大学学报（社会科学版）, 2013, 12 (2): 1-10.

[106] 林善浪, 叶炜, 张丽华. 农村劳动力转移有利于农业机械化发展吗——基于改进的超越对数成本函数的分析 [J]. 农业技术经济, 2017 (7): 4-17.

[107] 林万龙, 孙翠清. 农业机械私人投资的影响因素：基于省级层面数据的探讨 [J]. 中国农村经济, 2007 (9).

[108] 刘丽辉, 罗锋. 我国粮食综合生产能力影响因素实证分析——以广东为例 [J]. 经济问题, 2010 (10): 48-53.

[109] 刘同山, 孔祥智. 精英行为、制度创新与农民合作社成长——黑龙江省克山县仁发农机合作社个案 [J]. 商业研究, 2014 (5): 73-79, 192.

[110] 刘同山. 农业机械化、非农就业与农民的承包地退出意愿 [J]. 中国人口·资源与环境, 2016, 26 (6): 62-68.

[111] 刘亚琼, 黄英. 农业机械化对农村环境影响的实证研究 [J]. 农机化研究, 2016, 38 (12): 75-80.

[112] 刘英基. 有偏技术进步、替代弹性与粮食生产要素组合变动 [J]. 软科学, 2017, 31 (4): 27-30.

[113] 刘雨欣, 胡月, 郭翔宇. 生产经营型农机合作社面临资金困境的原因分析及对策建议——以黑龙江省为例 [J]. 农村经济, 2017 (1): 30-34.

[114] 刘雨欣, 李红, 郭翔宇. 异质性视角下农机合作社内部监督缺失问题的博弈分析——以黑龙江省为例 [J]. 农业经济问题, 2016, 37 (12): 31-38, 110-111.

[115] 刘玉梅, 崔明秀, 田志宏. 农户对大型农机装备需求的决定因素分析 [J]. 农业经济问题, 2009 (11).

[116] 刘玉梅, 田志宏. 中国农机装备水平的决定因素研究 [J]. 农业技术经济, 2008 (6).

[117] 卢秉福. 黑龙江省农业机械化发展与农村剩余劳动力转移互动性研究 [J]. 中国农机化学报, 2014, 35 (3): 268-271.

[118] 卢昆, 郑风田. 财政支农科技投入与我国粮食综合生产能力 [J]. 社会科学研究, 2007 (1): 33-37.

[119] 陆建珍, 徐翔. 渔业购机补贴政策效果评价——基于广东、海南两省426户淡水养殖户数据的分析 [J]. 农业经济问题, 2014, 35 (12): 25-33, 110.

[120] 路玉彬, 孔祥智. 农机具购置补贴政策的多维考量和趋势 [J]. 改革, 2018 (2): 75-88.

[121] 路玉彬, 周振, 张祚本, 孔祥智. 改革开放40年农业机械化发展与制度变迁 [J]. 西北农林科技大学学报 (社会科学版), 2018, 18 (6): 18-25.

[122] 罗必良, 仇童伟. 中国农业种植结构调整: "非粮化"抑或"趋粮化" [J]. 社会科学战线, 2018 (2): 2, 39-51.

[123] 罗必良, 李尚蒲. 论农业经营制度变革及拓展方向 [J]. 农业技术经济, 2018 (1): 4-16.

[124] 罗必良, 张露, 仇童伟. 小农的种粮逻辑——40年来中国农业种植结构的转变与未来策略 [J]. 南方经济, 2018 (8): 1-28.

[125] 罗必良. 科斯定理: 反思与拓展——兼论中国农地流转制度改革与选择 [J]. 经济研究, 201, 52 (11): 178-193.

[126] 罗必良. 论服务规模经营——从纵向分工到横向分工及连片专业化 [J]. 中国农村经济, 2017 (11): 2-16.

[127] 罗必良. 论农业分工的有限性及其政策含义 [J]. 贵州社会科学, 2008 (1): 80-87.

[128] 罗必良. 农业家庭经营: 走向分工经济 [M]. 北京: 中国农业出版社, 2017.

[129] 罗必良. 中国农业经营制度——理论框架、变迁逻辑及案例解读 [M]. 北京: 中国农业出版社, 2014.

[130] 罗富民. 农业地理集聚对农业机械化技术进步的影响——基于丘陵山区的实证分析 [J]. 中国农业资源与区划, 2018, 39 (3): 193-200.

[131] 罗敏, 曾以禹. 两型农业背景下的粮食生产——以贵州为例 [J]. 农业技术经济, 2012 (10): 52-58.

[132] 罗小锋, 刘清民. 我国农业机械化与农业现代化协调发展研究 [J]. 中州学刊, 2010 (2): 54-56.

[133] 罗元青, 王家能. 对我国农业产业组织形式创新的思考——基于分工与专业化视角 [J]. 农村经济, 2008 (6): 34-36.

[134] 吕德宏, 闫文收, 杨希. 农业资金投入渠道对粮食生产能力影响差异性及协作性研究 [J]. 农业技术经济, 2013 (6): 106-112.

[135] 吕炜, 张晓颖, 王伟同. 农机具购置补贴、农业生产效率与农村劳动力转移 [J]. 中国农村经济, 2015 (8): 22-32.

[136] 马九杰,崔卫杰,朱信凯.农业自然灾害风险对粮食综合生产能力的影响分析 [J].农业经济问题,2005 (4):14-17,79.

[137] 马凯,史常亮,王忠平.粮食生产中农业机械与劳动力的替代弹性分析 [J].农机化研究,2011,33 (8):6-9.

[138] 马良灿.理性小农抑或生存小农——实体小农学派对形式小农学派的批判与反思 [J].社会科学战线,2014 (4):165-172.

[139] 马林静,欧阳金琼,王雅鹏.农村劳动力资源变迁对粮食生产效率影响研究 [J].中国人口·资源与环境,2014,24 (9):103-109.

[140] 马文杰.我国粮食综合生产能力研究 [D].武汉:华中农业大学,2006.

[141] 马晓河,蓝海涛.我国粮食综合生产能力和粮食安全的突出问题及政策建议 [J].改革,2008 (9):37-50.

[142] 马歇尔.经济学原理 [M].朱志泰,陈良璧译.北京:商务印书馆,1965.

[143] 马欣.中国农业国内支持水平及典型政策效果研究 [D].北京:中国农业大学,2015.

[144] 马志雄,丁士军.基于农户理论的农户类型划分方法及其应用 [J].中国农村经济,2013 (4):28-38.

[145] 麦尔旦·吐尔孙,杨志海,王雅鹏.农村劳动力老龄化对种植业生产技术效率的影响——基于江汉平原粮食主产区400农户的调查 [J].华东经济管理,2015,29 (7):77-84.

[146] 毛艺林.基于DEA模型的河南省农业机械化效率分析 [J].河南农业大学学报,2016,50 (3):427-433.

[147] 闵锐,李谷成.环境约束条件下的中国粮食全要素生产率增长与分解——基于省域面板数据与序列Malmquist-Luenberger指数的观察 [J].经济评论,2012 (5):34-42.

[148] 欧阳金琼,王雅鹏.农户兼业会影响粮食生产吗?——基于江汉平原粮食主产区360户粮农的调查 [J].中南财经政法大学学报,2014 (4):20-26.

[149] 番绍立.中国农业补贴政策效应:理论解析、实证检验与政策优化 [D].大连:东北财经大学,2016.

[150] 潘彪,田志宏.中国农业机械化高速发展阶段的要素替代机制研究 [J].农业工程学报,2018,34 (9):1-10.

[151] 潘经韬, 陈池波. 农机购置补贴对农机作业服务市场发展的影响——基于2004-2013年省级面板数据的实证分析 [J]. 华中农业大学学报 (社会科学版), 2018 (3): 27-34, 153.

[152] 彭代彦, 文乐. 农村劳动力结构变化与粮食生产的技术效率 [J]. 华南农业大学学报 (社会科学版), 2015, 14 (1): 92-104.

[153] 彭代彦, 文乐. 农村劳动力老龄化、女性化降低了粮食生产效率吗——基于随机前沿的南北方比较分析 [J]. 农业技术经济, 2016 (2): 32-44.

[154] 彭代彦. 农业机械化与粮食增产 [J]. 经济学家, 2005 (3): 50-54.

[155] 彭克强, 鹿新华. 中国财政支农投入与粮食生产能力关系的实证分析 [J]. 农业技术经济, 2010 (9): 18-29.

[156] 仇叶. 小规模土地农业机械化的道路选择与实现机制——对基层内生机械服务市场的分析 [J]. 农业经济问题, 2017, 38 (2): 2, 55-64.

[157] 钱静斐, 陈志钢, 王建英. 耕地经营规模及其质量禀赋对农户生产环节外包行为的影响——基于中国广西水稻种植农户的调研数据 [J]. 中国农业大学学报, 2017, 22 (9): 164-173.

[158] 钱龙. 非农就业、农地流转与农户农业生产变化 [D]. 杭州: 浙江大学, 2017.

[159] 钱学龙. 辽阳市农业机械化发展水平与发展模式研究 [D]. 沈阳: 沈阳农业大学, 2011.

[160] 秦天, 彭珏, 邓宗兵. 生产性服务业发展与农业全要素生产率增长 [J]. 现代经济探讨, 2017 (12): 93-101.

[161] 申红芳. 水稻生产环节服务外包实证研究 [D]. 南京: 南京农业大学, 2014.

[162] 沈满洪, 张兵兵. 交易费用理论综述 [J]. 浙江大学学报 (人文社会科学版), 2013, 43 (2): 44-58.

[163] 石自忠, 王明利, 胡向东, 崔姹. 我国肉牛生产与农业机械化释放效应分析 [J]. 华中农业大学学报 (社会科学版), 2016 (6): 32-40, 143.

[164] 舒尔茨. 改造传统农业 [M]. 梁小民译. 北京: 商务印书馆, 2013.

[165] 舒坤良, 杨印生, 郭鸿鹏. 农机服务组织形成的动因与机理分析 [J]. 中国农机化, 2011 (1): 40-43.

[166] 斯密. 国民财富的性质和原因的研究 [M]. 郭大力, 王亚南译. 北京: 商务印书馆, 1776.

[167] 宋海英, 姜长云. 农户对农机社会化服务的选择研究——基于8省份小麦种植户的问卷调查 [J]. 农业技术经济, 2015 (9): 27-36.

[168] 宋洪远. 中国农村改革40年: 回顾与思考 [J]. 南京农业大学学报 (社会科学版), 2018, 18 (3): 1-11, 152.

[169] 宋修一. 农户采用农机作业服务的影响因素分析 [D]. 南京: 南京农业大学, 2009.

[170] 苏卫良, 刘承芳, 张林秀. 非农就业对农户家庭农业机械化服务影响研究 [J]. 农业技术经济, 2016 (10): 4-11.

[171] 苏晓宁. 购机补贴对农户农机需求的影响——基于陕西省和河北省的农户调查 [J]. 价格理论与实践, 2012 (1): 84-85.

[172] 孙顶强, 卢宇桐, 田旭. 生产性服务对中国水稻生产技术效率的影响——基于吉、浙、湘、川4省微观调查数据的实证分析 [J]. 中国农村经济, 2016 (8): 70-81.

[173] 孙福田. 农业机械化对农业发展的贡献及农业机械化装备水平的研究 [D]. 哈尔滨: 东北农业大学, 2004.

[174] 孙昊. 小麦生产技术效率的随机前沿分析——基于超越对数生产函数 [J]. 农业技术经济, 2014 (1): 42-48.

[175] 孙良顺. 水旱灾害、水利投资对粮食产量的影响 [J]. 西北农林科技大学学报 (社会科学版), 2016, 16 (5): 136-142.

[176] 孙巍, 盖国凤. 生产资源配置效率及其测度理论研究 [J]. 当代经济研究, 1998 (3): 27-29.

[177] 唐建, Jose Vila. 粮食生产技术效率及影响因素研究——来自1990—2013年中国31个省份面板数据 [J]. 农业技术经济, 2016 (9): 72-83.

[178] 唐林楠, 吴彦澎, 刘玉, 唐秀美. 河北省县域农业机械化水平的分异格局及其影响因素 [J]. 北京大学学报 (自然科学版), 2017, 53 (3): 421-428.

[179] 唐信, 冯永泰. 简析毛泽东"农业的根本出路在于机械化"思想 [J]. 毛泽东邓小平理论研究, 2012 (2): 78-82, 116.

[180] 田媛媛, 石淑芹, 李正国. 黑龙江省农业投入对粮食单产影响的研究 [J]. 干旱区资源与环境, 2014, 28 (5): 145-150.

[181] 田云. 中国低碳农业发展：生产效率、空间差异与影响因素研究 [D]. 武汉：华中农业大学, 2015.

[182] 吐尔逊·买买提, 谢建华. 新疆农业机械化发展水平区划时空格局 [J]. 中国农业资源与区划, 2017, 38 (2)：81-88.

[183] 万广华, 程恩江. 规模经济、土地细碎化与我国的粮食生产 [J]. 中国农村观察, 1996 (3)：31-36, 64.

[184] 汪戎, 朱翠萍. 交易费用理论的发展——兼评威廉姆森《资本主义经济制度》[J]. 思想战线, 2007 (6)：39-44.

[185] 王波, 李伟. 我国农业机械化演进轨迹与或然走向 [J]. 改革, 2012 (5)：126-131.

[186] 王大任. 近代东北地区农业机械化经营的退却及其原因 [J]. 中国社会经济史研究, 2011 (2)：46-52.

[187] 王珺鑫, 杨学成. 山东省粮食生产波动及主要投入要素效应的实证分析——基于17地市的面板数据 [J]. 中国农业资源与区划, 2015, 36 (3)：18-23.

[188] 王罗方. 加速丘陵山区农业机械化的途径与措施——以湖南省为例 [J]. 湖湘论坛, 2015, 28 (1)：56-60.

[189] 王欧, 唐轲, 郑华懋. 农业机械对劳动力替代强度和粮食产出的影响 [J]. 中国农村经济, 2016 (12)：46-59.

[190] 王术, 刘一明. 农业机械化与区域农业可持续发展关系实证分析 [J]. 农机化研究, 2015, 37 (4)：1-6, 31.

[191] 王水连, 辛贤. 土地细碎化是否阻碍甘蔗种植机械化发展？[J]. 中国农村经济, 2017 (2)：16-29.

[192] 王晓兵, 许迪, 侯玲玲, 等. 玉米生产的机械化及机械劳动力替代效应研究——基于省级面板数据的分析 [J]. 农业技术经济, 2016 (6)：4-12.

[193] 王新利, 赵琨. 黑龙江省农业机械化水平对农业经济增长的影响研究 [J]. 农业技术经济, 2014 (6)：31-37.

[194] 王新志. 自有还是雇佣农机服务：家庭农场的两难抉择解析——基于新兴古典经济学的视角 [J]. 理论学刊, 2015 (2)：56-62.

[195] 王许沁, 张宗毅, 葛继红. 农机购置补贴政策：效果与效率——基于激励效应与挤出效应视角 [J]. 中国农村观察, 2018 (2)：60-74.

[196] 王亚飞, 唐爽. 农业产业链纵向分工制度安排的选择 [J]. 重庆

大学学报（社会科学版），2013，19（3）：33-38.

[197] 王艳，周曙东. 花生种植户机械化技术采纳行为实证分析 [J]. 南京农业大学学报（社会科学版），2014，14（5）：106-112.

[198] 王雨濛，岳振飞，吕丹，孔祥智. 农机补贴政策实施的现状问题与完善措施——来自湖北的调查 [J]. 湖北社会科学，2015（6）：69-75.

[199] 王祖力，肖海峰. 化肥施用对粮食产量增长的作用分析 [J]. 农业经济问题，2008（8）：65-68.

[200] 威廉姆森. 资本主义经济制度 [M]. 段毅才，王伟译. 北京：商务印书馆，2013.

[201] 卫龙宝，张艳虹，高叙文. 我国农业劳动力转移对粮食安全的影响——基于面板数据的实证分析 [J]. 经济问题探索，2017（2）：160-167.

[202] 魏丹. 我国粮食生产资源要素优化配置研究 [D]. 武汉：华中农业大学，2011.

[203] 翁贞林. 农户理论与应用研究进展与述评 [J]. 农业经济问题，2008（8）：93-100.

[204] 吴丽丽，李谷成，周晓时. 中国粮食生产要素之间的替代关系研究——基于劳动力成本上升的背景 [J]. 中南财经政法大学学报，2016（2）：140-148，160.

[205] 吴丽丽. 劳动力成本上升对我国农业生产的影响研究 [D]. 武汉：华中农业大学，2016.

[206] 吴伟伟，刘耀彬. 非农收入对农业要素投入结构的影响研究 [J]. 中国人口科学，2017（2）：70-79，127-128.

[207] 吴昭雄，王红玲，胡动刚，汪伟平. 农户农业机械化投资行为研究——以湖北省为例 [J]. 农业技术经济，2013（6）：55-62.

[208] 吴昭雄. 基于农户视角的农业机械购置补贴政策关联度分析——来自湖北省农户问卷调查的分析 [J]. 北京：农业技术经济，2011（8）.

[209] 吴昭雄. 农业机械化投资行为与效益研究 [D]. 武汉：华中农业大学，2013.

[210] 伍骏骞，方师乐，李谷成，徐广彤. 中国农业机械化发展水平对粮食产量的空间溢出效应分析——基于跨区作业的视角 [J]. 中国农村经济，2017（6）：44-57.

[211] 向国成，谌亭颖，钟世虎，王雄英，江鑫. 分工、均势经济与共同富裕 [J]. 世界经济文汇，2017（5）：40-54.

[212] 肖海峰, 王姣. 我国粮食综合生产能力影响因素分析 [J]. 农业技术经济, 2004 (6): 45-49.

[213] 肖卫东. 农业地理集聚与农业分工深化、分工利益实现 [J]. 东岳论丛, 2012, 33 (8): 126-131.

[214] 谢枫. 粮食生产补贴、生产要素投入与我国粮食生产效率 [D]. 南昌: 江西财经大学, 2015.

[215] 谢杰, 李鹏. 中国农业现代化进程直接影响因素与空间溢出效应 [J]. 农业经济问题, 2015, 36 (8): 42-48, 111.

[216] 谢琳, 钟文晶, 罗必良. 农业生产服务的自主供给与市场供给: 相互关系与政策思路 [J]. 江海学刊, 2017 (3): 55-62, 238.

[217] 谢小蓉, 李雪. 农业基础设施与粮食生产能力的实证研究——吉林省例证 (1989—2012 年) [J]. 学术研究, 2014 (7): 91-97, 160.

[218] 徐雪高, 龙文军, 何在中. 中国农业机械化发展分析与未来展望 [J]. 农业展望, 2013, 9 (6): 56-61.

[219] 许锦英, 卢进. 农机服务产业化与我国农业生产方式的变革 [J]. 农业技术经济, 2000 (2): 60-64.

[220] 许锦英. 农机服务产业化是稳定家庭承包责任制、发展农业生产力的重要途径 [J]. 中国农村经济, 1998 (9): 67-69.

[221] 许秀川, 李容, 李国珍. 小规模经营与农户农机服务需求——一个两阶段决策模型的考察 [J]. 农业技术经济, 2017 (9): 45-57.

[222] 颜廷武, 李凌超, 王瑞雪. 现代化进程中农业装备水平影响因素分析 [J]. 农业技术经济, 2010 (12): 38-43.

[223] 颜玄洲, 孙水鹅, 欧一智. 农机购置补贴政策下种稻大户购机决策影响因素分析 [J]. 南昌: 农林经济管理学报, 2015 (6).

[224] 杨进, 吴比, 金松青, 陈志钢. 中国农业机械化发展对粮食播种面积的影响 [J]. 中国农村经济, 2018 (3): 89-104.

[225] 杨进. 中国农业机械化服务与粮食生产 [D]. 杭州: 浙江大学, 2015.

[226] 杨敏丽. 中国农业机械化与提高农业国际竞争力研究 [D]. 北京: 中国农业大学, 2003.

[227] 杨万江, 李琪. 我国农户水稻生产技术效率分析——基于 11 省 761 户调查数据 [J]. 农业技术经济, 2016 (1): 71-81.

[228] 杨万江, 李琪. 新型经营主体生产性服务对水稻生产技术效率的

影响研究——基于12省1926户农户调研数据［J］．华中农业大学学报（社会科学版），2017（5）：12-19，144．

［229］杨印生，陈旭．日本农业机械化经验分析［J］．现代日本经济，2018，37（2）：77-86．

［230］杨印生，郭鸿鹏．农机作业委托的制度模式创新及发展对策［J］．中国农村经济，2004（2）：68-71．

［231］杨印生，刘子玉，尹成立．吉林省农机消费敏感度的变参数分析及政策效应评价［J］．农业技术经济，2011（6）：102-108．

［232］杨宇，李容，吴明凤．土地细碎化对农户购买农机作业服务的约束路径分析［J］．农业技术经济，2018（10）：17-25．

［233］叶明华，庹国柱．要素投入、气候变化与粮食生产——基于双函数模型［J］．农业技术经济，2015（11）：4-13．

［234］弋晓康，黄新平，朱晓玲．农业机械化对农业生产贡献率的测算——基于有无项目比较法［J］．农机化研究，2011，33（10）：1-4，9．

［235］尹成杰．关于提高粮食综合生产能力的思考［J］．农业经济问题，2005（1）：5-10，79．

［236］袁军宝，陶迎春．论农业产业化：基于分工与合作的视角［J］．科技管理研究，2008（7）：76，90-92．

［237］岳强．农业机械化系统灰色分析及中国式可持续农机教育体系研究［D］．长春：吉林大学，2009．

［238］臧文如，傅新红，熊德平．财政直接补贴政策对粮食数量安全的效果评价［J］．农业技术经济，2010（12）：84-93．

［239］臧文如．中国粮食财政直接补贴政策对粮食数量安全的影响评价研究［D］．成都：四川农业大学，2012．

［240］曾福生，高鸣．我国粮食生产效率核算及其影响因素分析——基于SBM-Tobit模型二步法的实证研究［J］．农业技术经济，2012（7）：63-70．

［241］曾雅婷，吕亚荣，刘文勇．农地流转提升了粮食生产技术效率吗——来自农户的视角［J］．农业技术经济，2018（3）：41-55．

［242］曾雅婷，吕亚荣，王晓睿．农地流转对粮食生产技术效率影响的多维分析——基于随机前沿生产函数的实证研究［J］．华中农业大学学报（社会科学版），2018（1）：13-21，156-157．

［243］展进涛，张燕媛，张忠军．土地细碎化是否阻碍了水稻生产性环节外包服务的发展？［J］．南京农业大学学报（社会科学版），2016，16（2）：

117-124，155-156.

[244] 展昭海，胡胜德. 我国农机合作社产权制度研究 [J]. 学术交流，2016（2）：123-127.

[245] 占金刚. 我国粮食补贴政策绩效评价及体系构建 [D]. 长沙：湖南农业大学，2012.

[246] 张宝文. 在新的起点上扎实推进农业机械化 [J]. 求是，2008（11）：44-46.

[247] 张聪颖，畅倩，霍学喜. 适度规模经营能够降低农产品生产成本吗——基于陕西661个苹果户的实证检验 [J]. 农业技术经济，2018（10）：26-35.

[248] 张建，诸培新. 不同农地流转模式对农业生产效率的影响分析——以江苏省四县为例 [J]. 资源科学，2017，39（4）：629-640.

[249] 张杰飞. 农业劳动力转移与粮食产量——基于中国三大类粮食产量区面板数据的经验研究 [J]. 社会科学家，2016（2）：49-54.

[250] 张劲松. 农业机械化对粮食产出效能的贡献研究 [D]. 武汉：华中农业大学，2008.

[251] 张宽，漆雁斌，邓鑫. 农业机械化、能源消费与经济增长耦合关系研究 [J]. 农机化研究，2017，39（3）：1-6.

[252] 张丽娜. 机械化生产对我国玉米产业竞争力影响的研究 [D]. 北京：中国农业大学，2017.

[253] 张利国，鲍丙飞. 我国粮食主产区粮食全要素生产率时空演变及驱动因素 [J]. 经济地理，2016，36（3）：147-152.

[254] 张玲燕，唐焱. 中国不同地区粮食生产要素的贡献测量 [J]. 地域研究与开发，2014，33（6）：137-140，146.

[255] 张敏，黄英，周智. 中国农业机械化的空间异质性与影响因素分析 [J]. 农机化研究，2016，38（8）：1-5.

[256] 张日波. 分工思想何以被忽视——以马歇尔为中心的思想史考察 [J]. 经济理论与经济管理，2012（1）：28-35.

[257] 张瑞娟，高鸣. 新技术采纳行为与技术效率差异——基于小农户与种粮大户的比较 [J]. 中国农村经济，2018（5）：84-97.

[258] 张桃林. 以农业机械化支撑和引领农业现代化 [J]. 求是，2012（14）：41-43.

[259] 张晓敏. 中国家庭牧场生产要素组合研究 [D]. 北京：中国农业

大学，2017.

[260] 张学彪. 中国小农户经营规模变迁与生产效率研究 [D]. 北京：中国农业科学院，2018.

[261] 张英丽. 农业机械化对城镇化及城乡收入差距的影响 [J]. 国家行政学院学报，2017 (4)：139-143，149.

[262] 张宇青. 主产区粮食补贴政策效应研究 [D]. 南京：南京农业大学，2015.

[263] 张月群，李群. 新中国前30年农业机械化发展及其当代启示 [J]. 毛泽东邓小平理论研究，2012 (4)：53-59，115.

[264] 张跃强. 农业研发部门投入与农业机械化的关系 [J]. 社会科学家，2015 (3)：69-73.

[265] 张忠军，易中懿. 农业生产性服务外包对水稻生产率的影响研究——基于358个农户的实证分析 [J]. 农业经济问题，2015，36 (10)：69-76.

[266] 张忠明，钱文荣. 农户土地经营规模与粮食生产效率关系实证研究 [J]. 中国土地科学，2010，24 (8).

[267] 张宗毅，刘小伟，张萌. 劳动力转移背景下农业机械化对粮食生产贡献研究 [J]. 农林经济管理学报，2014，13 (6)：595-603.

[268] 张宗毅，周曙东，曹光乔，王家忠. 我国中长期农机购置补贴需求研究 [J]. 农业经济问题，2009 (12).

[269] 章磷，王春霞. 人口、机械化与农村剩余劳动力流量研究——以大庆市为例 [J]. 农业技术经济，2013 (7)：27-33.

[270] 赵琨. 农业机械化发展对中国农业经济发展方式转变的影响研究 [D]. 大庆：黑龙江八一农垦大学，2014.

[271] 赵丽平，侯德林，闵锐. 城镇化对农户粮食生产技术效率的影响——以湖南、河南两省477个农户为例 [J]. 中国农业大学学报，2018，23 (4)：148-156.

[272] 赵映年，游天屹，吴昭雄，胡动刚. 政府对农业机械化投资规模分析——以湖北省为例 [J]. 农业技术经济，2014 (5)：67-73.

[273] 郑翔文. 农户对农机服务需求及影响因素分析 [D]. 福州：福建农林大学，2016.

[274] 郑小碧. 古典灵魂在现代躯体中的复活与超越：新兴古典经济学 [J]. 华东经济管理，2016，30 (12)：148-155.

[275] 郑旭媛，徐志刚. 双重约束下的农户生产投入结构调整行为研究 [J]. 农业技术经济，2017 (11)：26-37.

[276] 郑旭媛，徐志刚. 资源禀赋约束、要素替代与诱致性技术变迁——以中国粮食生产的机械化为例 [J]. 经济学（季刊），2017, 16 (1)：45-66.

[277] 郑旭媛，应瑞瑶. 农业机械对劳动的替代弹性及区域异质性分析——基于地形条件约束视角 [J]. 中南财经政法大学学报，2017 (5)：52-58, 136.

[278] 钟真，刘世琦，沈晓晖. 借贷利率、购置补贴与农业机械化率的关系研究——基于8省54县调查数据的实证分析 [J]. 中国软科学，2018 (2)：32-41.

[279] 周丹，杨晓玉，刘翌. 农产品生产环节中农户外包行为分析 [J]. 西北农林科技大学学报（社会科学版），2016, 16 (3)：125-129.

[280] 周晶，陈玉萍，阮冬燕. 地形条件对农业机械化发展区域不平衡的影响——基于湖北省县级面板数据的实证分析 [J]. 中国农村经济，2013 (9)：63-77.

[281] 周晶，丁士军. 1991—2011年湖北农业机械化发展时空分异研究 [J]. 经济地理，2013, 33 (8)：109-115.

[282] 周晓时，李谷成. 对农村居民"食物消费之谜"的一个解释——基于农业机械化进程的研究视角 [J]. 农业技术经济，2017 (6)：4-13.

[283] 周晓时. 劳动力转移与农业机械化进程 [J]. 华南农业大学学报（社会科学版），2017, 16 (3)：49-57.

[284] 周易，王欧，唐轲. 我国农机合作社农机作业成本收益分析——基于区域和规模的比较 [J]. 南京农业大学学报（社会科学版），2015 (2)：51-56, 126.

[285] 周渝岚，王新利，赵琨. 农业机械化发展对农业经济发展方式转变影响的实证研究 [J]. 上海经济研究，2014 (6)：34-41.

[286] 周振，孔祥智. 盈余分配方式对农民合作社经营绩效的影响——以黑龙江省克山县仁发农机合作社为例 [J]. 中国农村观察，2015 (5)：19-30.

[287] 周振，马庆超，孔祥智. 农业机械化对农村劳动力转移贡献的量化研究 [J]. 农业技术经济，2016 (2)：52-62.

[288] 周振，张琛，彭超，孔祥智. 农业机械化与农民收入：来自农机

具购置补贴政策的证据［J］. 中国农村经济, 2016（2）: 68–82.

［289］朱丽娟, 王志伟. 黑龙江省种粮大户的技术效率及其影响因素［J］. 资源科学, 2018, 40（8）: 1583–1594.

［290］朱满德, 李辛一, 程国强. 综合性收入补贴对中国玉米全要素生产率的影响分析——基于省级面板数据的 DEA–Tobit 两阶段法［J］. 中国农村经济, 2015（11）: 4–14, 53.

［291］朱显灵. 中国农业机械化的起步: 1950—1960［D］. 合肥: 中国科学技术大学, 2007.

［292］朱振亚, 王树进. 农业劳动力膳食能量节省与农业机械化水平之间的协整分析——以江苏省为例［J］. 中国农村经济, 2009（11）: 69–76.

［293］朱志猛. 黑龙江省农机购置补贴政策实施与优化研究［D］. 北京: 东北农业大学, 2013.

［294］庄怀宇. 江苏省农机社会化服务的现状和对策研究［D］. 北京: 中国农业科学院, 2011.

［295］Ashford T., Biggs S. D., The dynamics of rural and agricultural mechanization: The role of different actors in technical and institutional change［J］. *Journal of International Development*, 2010, 4（4）: 349–374.

［296］Benin S., Impact of Ghana's agricultural mechanization services center program［J］. *Agricultural Economics*, 2016, 46（S1）: 103–117.

［297］Binswanger H., Agricultural mechanization: A comparative historical perspective［J］. *World Bank Research Observer*, 1986, 1（1）: 27–56.

［298］Clarke L. J., Friedrich T., Agricultural Mechanization—The Conflict between Food Security and Protection of Resources［J］. *Journal of Transport Geography*, 1999, 51: 17–26.

［299］Coase R. H., The Nature of the Firm［J］. *Economica*, 1937, 4（16）: 386–405.

［300］Coase R. H., The Problem of Social Cost［J］. *The Journal of Law and Economics*, 56（4）: 41.

［301］Diao X., Cossar F., Houssou N. et al., Mechanization in Ghana: Emerging demand, and the search for alternative supply models［J］. *Food Policy*, 2014, 48（10）: 168–181.

［302］Diao X., Cossar F., Houssou N. et al., Mechanization in Ghana: Searching for Sustainable Service Supply Models［J］. *Social Science Electronic*

Publishing, 2015.

[303] Donnithorne A., The Politics of Agricultural Mechanization in China. [J]. *Journal of Asian Studies*, 2011, 38 (4): 758 – 760.

[304] Farrell M. J., The Measurement of Productive Efficiency [J]. *Journal of the Royal Statistical Society*, 1957, 120 (3): 253 – 290.

[305] Gustafson C. R., Barry P. J., Sonka S. T., Machinery Investment Decisions: A Simulated Analysis for Cash Grain Farms [J]. *Western Journal of Agricultural Economics*, 1988, 13 (2): 244 – 253.

[306] Hayami Y. R. V. W., Ruttan V. W., Pray C. E., Wolek F. W., Ruttan, V. W. et al., Agricultural development an international perspective. Ed. amp. y rev. [J]. *Economic Development & Cultural Change*, 1985, 82 (2): 123 – 141 (19).

[307] Houssou N., Diao X., Cossar F. et al., Agricultural Mechanization in Ghana: Is Specialized Agricultural Mechanization Service Provision a Viable Business Model? [J]. *American Journal of Agricultural Economics*, 2013, 95 (5): 1237 – 1244.

[308] Hsu R. C., Agricultural Mechanization in China: Policies, Problems, and Prospects [J]. *Asian Survey*, 1979, 19 (5): 436 – 449.

[309] Ji Y., Yu X., Zhong F., Machinery investment decision and off-farm employment in rural China [J]. *China Economic Review*, 2012, 23 (1): 71 – 80.

[310] Jin S., Huang J., Hu R. et al., The Creation and Spread of Technology and Total Factor Productivity in China's Agriculture [J]. *American Journal of Agricultural Economics*, 2002, 84 (4): 916 – 930.

[311] Jing L., Rodriguez D., Tang X., Effects of land lease policy on changes in land use, mechanization and agricultural pollution [J]. *Land Use Policy*, 2017, 64: 405 – 413.

[312] Leibenstein H., Allocative efficiency vs. X-Efficiency [J]. *American Economic Review*, 1966, 56 (3): 392 – 415.

[313] Lin J. Y., Public Research Resource Allocation in Chinese Agriculture: A Test of Induced Technological Innovation Hypotheses [J]. *Economic Development & Cultural Change*, 1991, 40 (1): 55 – 73.

[314] Lin J. Y., Rural Reforms and Agricultural Growth in China [J].

American Economic Review, 1992, 82.

[315] Olmstead A. L. , Rhode P. W. , The agricultural mechanization controversy of the interwar years [J]. *Agricultural History*, 1994, 68 (3): 35 – 53.

[316] Olmstead A. L. , The Mechanization of Reaping and Mowing in American Agriculture, 1833 – 1870 [J]. *The Journal of Economic History*, 1975, 35 (2): 327 – 352.

[317] Oniki S. , Testing the Induced Innovation Hypothesis in a Cointegrating Regression Model [J]. *Japanese Economic Review*, 2010, 51 (4): 544 – 554.

[318] Perelman M. , Mechanization and the Division of Labor in Agriculture [J]. *American Journal of Agricultural Economics*, 1973, 55 (3): 523.

[319] Picazo-Tadeo A. J. , Reig-Martinez E. Outsourcing and efficiency: The case of Spanish citrus farming [J]. *Agricultural Economics*, 2010, 35 (2): 213 – 222.

[320] Ruttan Y. H. W. , Factor Prices and Technical Change in Agricultural Development: The United States and Japan, 1880 – 1960 [J]. *Journal of Political Economy*, 1970, 78 (5): 1115 – 1141.

[321] Savadogo K. , Reardon T. , Pietola K. , Mechanization and Agricultural Supply Response in the Sahel: A Farm-Level Profit Function Analysis [J]. *Journal of African Economies*, 1995, 4 (3): 336 – 377.

[322] Takeshima H. , Nin-Pratt A. , Diao X. , Mechanization and Agricultural Technology Evolution, Agricultural Intensification in Sub-Saharan Africa: Typology of Agricultural Mechanization in Nigeria [J]. *American Journal of Agricultural Economics*, 2013, 95 (5): 1230 – 1236.

[323] Takeshima, Hiroyuki, Custom-hired tractor services and returns to scale in smallholder agriculture: A production function approach [J]. *Agricultural Economics*, 2017.

[324] Taylor T. G. , Shonkwiler J. S. , Alternative stochastic specifications of the frontier production function in the analysis of agricultural credit programs and technical efficiency [J]. *Journal of Development Economics*, 1986, 21 (1): 0 – 160.

[325] Vandergeten, Erika, Azadi et al. , Agricultural outsourcing or land grabbing: A meta-analysis [J]. *Landscape Ecology*, 2016, 31 (7): 1395 – 1417.

[326] Vernimmen T. , Verbeke W. , Huylenbroeck G. V. , Transaction cost analysis of outsourcing farm administration by Belgian farmers [J]. *European Review of Agricultural Economics*, 2013, 27 (3): 325 – 345.

[327] Wang X. , Yamauchi F. , Huang J. , Rising wages, mechanization, and the substitution between capital and labor: Evidence from small scale farm system in China [J]. *Agricultural Economics*, 2016, 47 (3): 309 – 317.

[328] Yang J. , Huang Z. , Zhang X. et al. , The Rapid Rise of Cross-Regional Agricultural Mechanization Services in China [J]. *American Journal of Agricultural Economics*, 2013, 95 (5): 1245 – 1251.

[329] Zhang X. , Yang J. , Thomas R. , Mechanization outsourcing clusters and division of labor in Chinese agriculture [J]. *China Economic Review*, 2017, 43: 184 – 195.

致　　谢

本书是在我的博士论文基础上经过修改、完善、拓展而成的。

惊风飘白日，光景驰西流。转眼间，2013年入学那个懵懵懂懂的"小师弟"已经成为博士，岁月并没有改变容颜，却抬高了发际线，加重了黑眼圈。回首在中南大学求学的六年时光，往事历历在目，恍如昨日。有过"一投就中"的喜悦，也有过"七连拒稿"的沮丧；曾在冬夜通宵时留下辛酸的泪水，也曾在温暖春阳下露出幸福的微笑。求学的日子里，我在迷茫中摸索，在挫折里锤炼，在压力下进步，在成长的道路上得到了师长们的悉心指导和亲友们的鼎力相助。在本书即将付梓之际，我要衷心感谢支持、帮助我的人们！

首先，感谢我的恩师陈池波教授。一谢恩师知遇之恩。感谢恩师提供宝贵的深造机会。2013年我有幸跟随恩师攻读农业经济管理硕士，在2016年更是幸运地作为农业经济学专业第一批申请审核制博士生继续跟随恩师攻读博士，因而成为了陈门第二位连续六年跟随恩师深造的全日制研究生（第一位是江喜林师兄）。二谢恩师授业之恩。感谢恩师将我引入农业经济科研的殿堂。在入门的第一堂课上恩师就教诲我"多读书，读好书"，并布置了"一月读一本书"的基本任务。每次找恩师汇报科研情况时，恩师都会耐心询问"最近读了什么书，有什么心得体会"。在恩师的指导下，我参与了国家社会基金重点项目、湖北省政府智力成果采购项目、湖北省委三农重大问题研究专项课题、湖北思想库课题等多项课题，也得到了规范的学术训练。我的博士论文选题就源于参与恩师主持的湖北思想库课题《优化完善湖北省农机具购置补贴政策的思考与建议》时的一次调研。我在老家监利县走访享受农机购置补贴的农机户和农机专业合作社后发现，监利县农机服务市场已经比较成熟，大多数种粮农户都是向农机户和农机专业合作社购买服务来实现机械化作业。我感觉到农业机械化服务势必会对农业生产带来深远影响。于是，我对农业机械化的研究从"支持政策"逐步转变到了"市场服务"，

致 谢

在一定程度上"背离"了恩师为我拟定的农业机械化支持政策研究方向。恩师仍一如既往地支持和鼓励我结合研究兴趣开展博士论文写作，在整个写作过程中基本上保持了每两周一次的频率定期检查和指导我的进展情况。从论文选题、框架设计、数据收集、内容观点到修改定稿，恩师都给予了精心的指导。三谢恩师推荐之恩。感谢恩师多次推荐我实践锻炼。2016 年初，在我取得申请审核制博士生入学资格后，恩师推荐我去湖北省委农办进行为期 10 个月的实习，让我对农业宏观形势和涉农政策情况有了全面深刻的了解。2018 年上半年，恩师推荐我去湖北省农机局进行实地调研，让我获取了与农业机械化服务相关的大量数据和工作报告，为学业的顺利完成奠定了基础。2018 年底，恩师推荐我在由湖北省农业农村厅主办的推动乡村振兴高端论坛上作大会报告，让平时有些怯场的我得到了一次提升自信心的锻炼。恩师深厚的学术造诣、严谨的治学态度、仁厚随和的风度和积极乐观的心态一直感染着我，是我终生学习的榜样。在此，向恩师致以深深的谢意！

感谢农业经济学科严立冬教授、丁士军教授、张开华教授、郑家喜教授、陈玉萍教授、吴海涛教授、邓远建副教授和郎晓娟老师对我无私的栽培和悉心的指导，他们在教学过程及各类学术活动中的言传身教，使我获益颇多。感谢本书的匿名评审专家，他们的评审意见对本书的完善具有重要意义。感谢工商管理学院研究生办公室的罗尚秀老师、姜倩倩老师、赵元元老师和孙开帆老师的辛勤付出。感谢湖北省委农办方亚飞处长对我的指导和照顾！感谢湖北省农机局陶保平处长提供的数据资料。

感谢陈门的兄弟姐妹们对我学习与生活的支持和帮助。感谢潘泽江教授、邹蓉副教授、李平副教授、田云副教授、官波博士、江喜林博士、屈志光博士、万龙博士、陈涛博士和肖锐博士在本书撰写过程中提出了宝贵的意见。感谢师弟李凯、李成豪、孟权、苏超、王谦、金鑫、李伟男、付东哲、郑峰、卢泓钢、孟煜翔、周蔚祥、王堃、周心昊等，感谢师妹李硕、李秋蓉、朱佩弦、牛晓童、胡依伊、王旖旎、胡欢纹等，谢谢他们给予我热情的帮助和无私的支持。感谢我的同班同学：覃津津、彭继权、谭昶、潘世磊、全磊和彭燕，感谢中南大环湖公寓 19 栋 5 楼的邻居们：刘芷君、刘芷含、徐干、李凯、陈海林、谢鹏和何富美，因为有你们的一路陪伴和热心帮助，才让我的学习生涯更加丰富精彩。还要特别感谢东北农业大学张有望老师，感谢你在我遇到困惑时帮我排忧解难，识于微时，一路颠簸扶持，十年友谊将成为宝贵的财富。

感谢国家社会科学基金重点项目（15AJY014）、湖北省社科基金一般项目（2019082）、湖北省政府智力成果采购项目（HBZZ-2020-07）、湖北乡村振兴研究院 2020 年度重大调研课题（HBXCZX2020003）和中南财经政法大学研究生科研创新项目（2017B1007）对本书研究与出版的资助！感谢感谢中山大学中国劳动力动态调查（China Labor-force Dynamic Survey，简称 CLDS）2014 年调查数据的支持！

感谢经济科学出版社为本书顺利出版所付出的辛勤劳动！

最后，我衷心地感谢我的家人。寒窗苦读的廿二载，承载着家人对我的殷切期望，感谢你们对我的大力支持和无私奉献。同时，还要感谢我的妻子付佳敏，感谢她的理解、包容和体贴，她甜蜜的爱给了我学习的动力。

潘经韬

2021 年 7 月于武汉